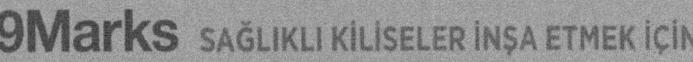
9Marks SAĞLIKLI KİLİSELER İNŞA ETMEK İÇİN

I0568135

KİLİSE
DİSİPLİNİ

KİLİSE
İSA'NIN ADINI
NASIL
KORUR?

JONATHAN LEEMAN

KİLİSE DİSİPLİNİ

KİLİSE İSA'NIN ADINI NASIL KORUR?

JONATHAN LEEMAN

KARANLIKTAN IŞIĞA YAYINLARI

Davutpaşa Cad. Kazım Dinçol San. Sit.
No: 81/87 Topkapı, İstanbul – Türkiye
info@karanliktanisiga.com
www.karanliktanisiga.com
www.9marks.org
Tel: (0212) 567 89 93

Kitap: Kilise Disiplini
Özgün Adı: Church Discipline
Yazar: Jonathan Leeman
Çevirmen: İbrahim Elbeyli
Mizanpaj: Aysun Alsancak

Bu kitabın düzeltme işlemleri Karanlıktan Işığa Yayınları tarafından yapılmıştır.

ISBN: 978-605-70441-8-1
T.C. Kültür ve Turizm Bakanlığı Sertifika No: 52351

Baskı: Anadolu Ofset – Tel: (0212) 567 89 92
Davutpaşa Cad. Kazım Dinçol San. Sit.
No: 81/87 Topkapı, İstanbul – Türkiye
Mart 2022

"Leeman hayatlarımızdaki kirli çamaşırları ortaya döküyor ve onları nasıl temizleyeceğimizi anlatıyor. Bolca güzel tartışma yaratacağı kesin ve zorlu bir alan olan pastörlük uygulamaları hakkında konuşuyor ama tekrar tekrar kendimi ikna edilmiş hissediyorum. Bu kitap kesinlikle size yardımcı olacak. Kısa-öz ve Kutsal Kitap temelli, bilgece ve pratik. Kilise disiplini konusunda aradığımız kitap budur."

Mark Dever, Baş Pastör, Capitol Hill Baptist Kilisesi, Washington, DC

"Kilise disipliniyle ilgili Kutsal Kitap temelli, pastörel anlamda hassas ve bugün basılmaya devam eden pek az kitap var. Hatta yorumbilimsel açıdan doğru, pratik açıdan alakalı ve kiliselerin yaygın olarak yaşanan çok çeşitli durumlarla nasıl başa çıkması gerektiğini gösteren gerçek hayattan vaka çalışmalarıyla dolu bildiğim başka bir kitap yok. Tüm bunların yanı sıra Leeman ayrıca kısa, öz ve takdire değer bir netlikte anlatıyor. Şiddetle tavsiye ederim!"

Craig Blomberg, Kıdemli Yeni Antlaşma Profesörü, Denver Seminary

"Bu kitap fevkalade, türünün tek örneği bir teolojik çalışma. Leeman kilise disiplininin, öğrenci yetiştirme sürecinin ve dolayısıyla Müjde'yi duyurmanın temel bir boyutu olduğunu gösteriyor. Dar bir bakış açısıyla 'alınan iman kararların sayısına' odaklanmamızın aslında insanları yaşama götüren tövbeye yönlendirmemize engel olabildiğini gösteriyor. Bunun kilise disiplini hakkında belirleyici bir kitap olacağına ve önderlerimizin bu kitabı kılavuz olarak kullanmak isteyeceklerine inanıyorum."

J. D. Greear, Baş Pastör, The Summit Kilisesi, Durham, Kuzey Carolina

"Bugün kilisede en fazla göz ardı edilen etkinliklerden biri sevgiyle, cesaretle ve kurtaran nitelikte bir kilise disiplini hizmeti yürütmek. Bu kitap, Mesih'in bedeninde yaşamanın bu hayati yönüyle ilgili net bir vizyon ve pratik yönergeler sunuyor. Bu ilkelere göre hareket eden kiliselerde günahın sarmaşıklarından özgürleşen birçok insan gördüm ve giderek daha fazla kilisenin kendini bu iyileştiren hizmete yeniden adaması için dua ediyorum."

Ken Sande, Başkan, Peacemaker Hizmetleri

"Jonathan Leeman çağdaş kiliseyi isabetli bir şekilde okuyan birisi. Kilise disiplini hakkında bu çok ihtiyaç duyulan kitapta, Kutsal Kitap gerçeğini bilge tavsiyelerle birleştiriyor. Eğer kilisenizde bu konuya girmekten korktuysanız ya da günah işleyen kutsalları nasıl sevgiyle düzelteceğinizden emin olamadıysanız, bu kitap iyi bir başlangıç yapmak için ihtiyacınız olan Kutsal Kitap argümanlarını ve pratik tavsiyeleri sağlıyor. Bu kitap hayal gücünüzü ateşleyecek, ruhunuzu hareketlendirecek ve yolunuzu aydınlatacak."

Thabiti Anyabwile, Baş Pastör, Grand Cayman First Baptist Kilisesi; yazar, *What Is a Healthy Church Member?*

SAĞLIKLI KİLİSELER İNŞA ETMEK

KİLİSE DİSİPLİNİ

KİLİSE
İSA'NIN ADINI
NASIL
KORUR?

JONATHAN LEEMAN

KARANLIKTAN
IŞIĞA YAYINLARI

İÇİNDEKİLER

3. KISIM: İLK ADIMLAR

SERİYE DAİR ÖNSÖZ

Sağlıklı bir kilise inşa etmeye yardımcı olmanın sizin sorumluluğunuz olduğuna inanıyor musunuz? Eğer bir Hristiyan'sanız, biz öyle olduğuna inanıyoruz. İsa size öğrenciler yetiştirmenizi buyurur (Mat. 28:18-20). Yahuda kendinizi imanınızın temeli üzerinde geliştirmenizi söyler (Yah. 20-21). Petrus sizi armağanlarınızı başkalarına hizmet etmek için kullanmaya çağırır (1.Pe. 4:10). Pavlus kilisenizin olgunlaşmasını sağlamak için sevgide gerçeği söylemenizi söyler (Ef. 4:13, 15). Bu sorumluluğu nereden aldığımızı görüyor musunuz?

İster bir kilise üyesi, isterse de önder olun, Sağlıklı Kiliseler İnşa Etmek adlı kitap serisi, Kutsal Kitap'ın bu tür buyruklarını yerine getirmenize ve böylece sağlıklı bir kilise inşa etmede üstünüze düşen rolü oynamanıza yardımcı olmayı amaçlamaktadır. Bunu söylemenin bir başka olası yolu da şu ki, bu kitapların sizin kilisenizi, İsa'nın onu sevdiği gibi sevme noktasında büyümenize yardımcı olacağını umuyoruz.

9Marks Hizmetleri, Mark Dever'ın sağlıklı bir kilisenin dokuz işareti olarak adlandırdığı maddelerin her biri üzerine kısa, okunabilir bir kitap ve bir de sağlam öğreti üzerine bir kitap çıkarmayı planlıyor. Açıklayıcı vaaz, Kutsal Kitap teolojisi, Müjde, Mesih'e dönme, müjdeleme, kilise üyeliği, kilise disiplini, öğrenci yetiştirme, büyüme ve kilise önderliğiyle ilgili kitapların takipçisi olun.

Yerel kiliseler, Tanrı'nın yüceliğini uluslara sergilemek için vardır. Bunu, gözlerimizi İsa Mesih'in Müjdesi'ne odaklayarak, kurtuluş için sadece O'na güvenerek ve sonra Tanrı'nın kendi kutsallığı, birliği ve sevgisiyle birbirimizi severek yaparız. Elinizde tuttuğunuz kitabın bu yolda yardımcı olması için dua ediyoruz.

Umutla,

Mark Dever ve Jonathan Leeman
Seri editörleri

ÖNSÖZ

İki Müjdenin Hikâyesi

Siz hangi 'Müjde'ye inanıyorsunuz? Bu soruya verdiğiniz yanıt, kilise disipliniyle ilgili ne düşündüğünüzü doğrudan etkiler. Bu yüzden herhangi başka bir şeyden konuşmaya başlamadan önce, aynı Müjde'den bahsettiğimizden emin olmamız önemli.

Müjde'nin birbirinden biraz güç anlaşılır biçimde farklı olan iki versiyonundan bahsediyoruz. İlki, kilise disipliniyle ilgili bir şey konuşulmasına muhtemelen hiç yer bırakmaz. İkincisiyse bu konuşmayı bizzat başlatır.

Müjde 1: Tanrı kutsaldır. Hepimiz günah işledik ve bu bizi Tanrı'dan ayırdı. Ama Tanrı biz kurtulabilelim diye çarmıhta ölmesi ve yeniden dirilmesi için Oğlu'nu gönderdi. İsa'ya inanan herkes sonsuz yaşama kavuşabilir. Kendi işlerimizle aklanmayız. Yalnızca imanla aklanırız. Bu yüzden Müjde tüm insanları 'sadece inanmaya' çağırır! Koşulsuz seven Tanrı, sizi olduğunuz gibi kabul eder.

Müjde 2: Tanrı kutsaldır. Hepimiz günah işledik ve bu bizi Tanrı'dan ayırdı. Ama Tanrı biz kurtulup Kral ve Rab olarak Oğul'u izlemeye başlayabilelim diye çarmıhta ölmesi ve yeniden dirilmesi için Oğlu'nu gönderdi. Tövbe edip inanan herkes sonsuz yaşama kavuşabilir. Bu yaşam bugünden başlayıp sonsuzluğa uzanır. Kendi işlerimizle aklanmayız. Yalnızca imanla aklanırız; ama aklayan iman asla yalnız (yani eylemsiz) değildir. Müjde bu yüzden tüm insanları 'tövbe ve imana' çağırır. Her koşula rağmen seven Tanrı size hak ettiğinizin tersini verir ve Kutsal Ruh'un gücüyle Oğlu gibi kutsal ve itaatkâr olabilmenizi mümkün kılar. Sizi kendisiyle barıştırarak, Tanrı ayrıca sizi ailesiyle ve kiliseyle de barıştırır ve halkı olarak birlikte O'nun kutsal karakterini ve Üçlübirlik olan yüceliğini temsil edebilmenizi mümkün kılar.

Ne diyorsunuz? Bu iki müjdeden hangisi Kutsal Kitap'ta öğretildiğine inandığınız mesajı daha iyi özetliyor?

İlk anlayış Mesih'i Kurtarıcı olarak vurgular. İkincisi Mesih'i Kurtarıcı ve Rab olarak vurgular.

İlk anlayış Mesih'in Yeni Antlaşma'daki bağışlayan eylemine gönderme yapar. İkincisi hem bunu, hem de Ruh'un Yeni Antlaşma'da yeniden doğuş veren eylemini kapsar.

İlk anlayış Hristiyanların Tanrı çocukları olarak kazandıkları yeni statülerine gönderme yapar. İkincisi hem bu yeni statüyü, hem de Hristiyanlara Mesih'in egemenliğinin vatandaşları olarak verilen yeni iş tanımını kapsar.

İlk anlayış Hristiyan'ın Mesih'le barışmasına gönderme yapar. İkincisiyse Hristiyan'ın hem Mesih'le hem de Mesih'in halkıyla barışmasına gönderme yapar.

Önsöz

Eğer Müjde'yle ilgili anlayışınız sadece ilkiyle sınırlıysa, kilise disiplini konusu ya da bu kitap sizin için pek bir şey ifade etmeyecektir. Ama eğer ikincisine inanıyorsanız, o zaman konuşacak daha çok şeyimiz olur. Açık bir Kutsal Kitap buyruğu olmasının yanı sıra, kilise disiplini buradaki ikinci anlayıştan doğan bir şeydir.

İlk anlayışta Müjde'yle ilgili söylenen her şey doğrudur ama dahası vardır. Bu haliyle bırakıldığında bir ucuz lütuf inancına dönmeye meyillidir. İkincisininse Kutsal Kitap Müjdesi'ni daha tutarlı bir şekilde sunduğuna ve Hristiyanları çarmıhlarını yüklenip bu kutsal görevde İsa'yı izlemeye çağıran türdeki lütuf anlayışına daha çok yönelttiğine inanıyorum.

KİLİSE DİSİPLİNİNE VERİLEN İKİ KARŞILIK

Tahminimce birçok kilise önderi son yüzyıl içerisinde ikinci Müjde anlayışının ilave unsurlarını benimsedi ama bu onlar için bir anketin kutucuklarını 2 numaralı kalemle doldurmak gibi oldu. Kürsüden duyurdukları mesaj bu değildi. Vaftiz edilmesi için altı yaşındaki Johnny'yi kiliseye getiren annesi ve babasına söyledikleri, bu değildi.

Kilise önderleri dışarıdakilere ulaşmak istemektedirler ama bu iyi istek kötü bir ayartıyı çeker: Müjde'yi sulandırarak daha hafif bir şey gibi göstermek. Tanrı'nın lütfu, koşulsuz sevgi ve iman hakkında konuşmak nispeten daha kolaydır. Tanrı'nın kutsallığı, Mesih'in rabliği, Ruh'tan gelen tövbe ve kilisenin yeni antlaşma gerçekliği hakkında konuşmak daha zordur. Tüm bunlar kişiye talepkâr gelir. Hesap verebilme ihtiyacı doğurur. Pek az talepte bulunan ve pek az hesap verme sorumluluğu gerektiren bir müjde üzerine kilise inşa etmişseniz, kilise disiplini bir şey ifade etmez. 'Sadece inanmak' ve 'koşulsuz sevgi' adlı ruhsal sütlerle beslenmeye alışmış bir topluluk düşünün. Diyelim ki bu topluluğa bir gün küçük Johnny'nin kiliseden atılması gerektiğini söylüyorsunuz çünkü artık altı değil, yirmi yaşında ve iki yıl önce liseden mezun olduğundan beri kilisenin kapısına uğradığı görülmedi. Bunu söyleyerek topluluğun kafasını karıştırmakla kalmaz, aynı zamanda Hristiyanlıkla ilgili anlayışlarını tam kalbinden vurmuş olursun. Bu tıpkı akmakta olan bir trafikte ters yöne gitmeye çalışmak gibidir.

"Yargılıyorsun."

"Koşulsuz seven bir Tanrı neden birine disiplin uygulasın?"

"Bu, kulağa yasacılık gibi geliyor. Kendi işlerimizle değil, imanla kurtulduk!"

"Bir kez kurtulduysan, sonsuza dek kurtulmuşsundur."

Bir başka deyişle, arabalar üzerinize gelir.

Ama şimdi farklı bir topluluk düşünün. Önderlerin üyelere Tanrı öğüdünün tamamını kullanarak Müjde'yi öğrettiği bir topluluk. İman ikrarı yapmadan önce bu üyelerden İsa'yı izlemenin bedelini hesaba katmaları istenmiş. Göksel egemenliğin Ruh'ta yoksul, yürekte saf olan barış yapıcılara ait olduğunu duymuşlar (Mat. 5:4-9). Göksel Baba'nın Mesih asmasındaki meyve vermeyen tüm dalları keseceğini çünkü gerçek Müjde'nin insanları gerçekten değiştireceğini duymuşlar (Yu. 15:2). Dünyasal üzüntüyle tanrısal üzüntü arasındaki farkı duymuşlar: Dünyasal üzüntü kendinize acımak gibidir. Diğeriyse sabırsızlık, içerlenme, korku, özlem, gayret uyandırır (2.Ko. 7:10-11).

Oğul Tanrı'nın gerçekten de yaşam ve büyüme yolunda insanları kendisiyle ve ailesiyle birleştirdiğini, ikinci topluluğun anlamış olması daha muhtemeldir. Ruh Tanrı'nın insanların içinde gerçekten de yepyeni bir varlık yarattığını, gerçek Hristiyanların değiştiğini anlarlar. Bu üyelere yirmi yaşındaki Johnny'nin iki yıldır kiliseye gelmediğini söylerseniz, omuz silkip 'bir kez kurtulmuşsa, sonsuza dek kurtulmuştur' demez, hiçbir şey olmamış gibi şükür ilahileri söylemeye devam etmezler. Telefonu ellerine alıp Johnny'e ulaşmaya çalışır, öğle yemeği için onunla sözleşmek ve nasıl olduğunu görmek isterler. Hristiyan olduğu iddiasıyla ilgili onu sorumlu tutarlar. Ona yardım etmek için son çare olarak topluluktan uzaklaştırmayı bile düşünebilirler. Onu çok sevdiklerinden ötürü bunu yapmamak mümkün görünmez. Onun Hristiyan olmayan arkadaşlarını ve meslektaşlarını çok sevdiklerinden ötürü bunu yapmamak mümkün görünmez.

TUZ VE IŞIK

Ruhsal açıdan ölmüş olanlara yaşam veren, Tanrı'nın Sözü'dür. Ama Tanrı, Sözü'nün değişen hayatların temeli olmasını ister. Değişen hayatlar, kilisenin tanıklığını canlı ve çekici hale getirir. Dünyanın, kendisinin Hristiyanlaşmış kötü bir kopyasına ihtiyacı yoktur. Tamamen ışık ve tatla dolu, farklı bir şeye ihtiyacı vardır.

> Yeryüzünün tuzu sizsiniz. Ama tuz tadını yitirirse,
> bir daha ona nasıl tuz tadı verilebilir? Artık dışarı

atılıp ayak altında çiğnenmekten başka işe yaramaz. Dünyanın ışığı sizsiniz. Tepeye kurulan kent gizlenemez. Kimse kandil yakıp tahıl ölçeğinin altına koymaz. Tersine, kandilliğe koyar; evdekilerin hepsine ışık sağlar. Sizin ışığınız insanların önünde öyle parlasın ki, iyi işlerinizi görerek göklerdeki Babanız'ı yüceltsinler! (Mat. 5:13–16)

Tuzun işe yaramasının nedeni içinde bulunduğu şeyden farklı olmasıdır. Işığın karanlıkta olanlara çekici gelmesinin nedeni, onun karanlık olmamasıdır.

GİRİŞ

Disiplin İçin Bir Çerçeve

Bu kitabın esas amacı, sizi kilise disiplini konusunda ikna etmek değildir. Halihazırda buna ikna olmuş olanlara, disiplini nasıl ve ne zaman uygulayacakları konusunda yardımcı olmaktır. Bu amaçla, İsa Mesih'in Müjdesi'nin kilise disiplinine yönelik yaklaşımımızı belirlemek için bize sunduğu teolojik çerçeveyi görmemiz önemlidir. Hem geliştirici hem de düzeltici türdeki kilise disiplini, Müjde'den doğar. Eğer pratik anlamda kilise disiplinine nasıl yaklaşmamız gerektiğiyle ilgili daha iyi bir anlayışa ulaşmak istiyorsak, bu anlayışa *Müjde aracılığıyla* varırız.

Bu, benim kilise disiplinine yönelik yaklaşımımın başkalarınınkinden biraz farklı olduğu anlamına geliyor. Geçmiş yüzyıllarda kilise disiplini üzerine yazan yazarlar, bazen Kutsal Kitap'ta günahların kilise disiplini gerektirdiği durumların bir listesini sıralarlardı. Bunun amacı, kilise önderlerine kendi pastörlüklerinde yaşanan krizlere yönelik temel bir kılavuz sunmaktı.

Bugünkü yazarların disiplin üzerine yazdığı şeylerse, genelde okuyucuları İsa'nın Matta 18:15–20'de verdiği adımları izlemeye yöneltiyor. Günahkâr kişiye önce birebir, sonra iki ya da üç kişiyle, sonra da topluluk olarak nasıl yaklaşılacağını açıklıyor. Günahın farklı türleriyle ilgili daha az şey söylüyor ve Matta 18'deki geniş kapsamlı yaklaşım, tüm durumlarda uygulanacak tek bir yaklaşım olarak sunuluyor.

Bu yaklaşımların ikisinde de isabetli olan çok şey var ama benim yöntemim biraz farklı. Kutsal Kitap yazarlarının gösterdikleri çeşitli yaklaşımların hepsini içine alan teolojik bir çerçeve sunmayı umuyorum. Örneğin Pavlus 1. Korintliler 5'te, İsa'nın Matta 18'de gösterdiği yaklaşımdan daha farklı bir yaklaşım gösteriyor. Pavlus, öncesinde uyarıda bulunmakla ilgili hiçbir şeyden bahsetmeden, kiliseye günahkârı topluluktan atmalarını söyler. Neden? Bazı yazarlara göre bunun nedeni o günahın 'topluluk önünde bir skandal' olmasıdır. Ama bu, kilisenin kimin göksel egemenliğe ait olduğuyla ilgili kararının, toplumun değişen ahlaki ölçütlerine bağlı olması demektir ve bu bana tuhaf geliyor. Matta 18 ile 1. Korintliler 5 arasında teolojik bir bağlantı yok mu? Ben böyle bir bağlantının olduğuna inanıyorum ve bunu, kilise disiplinini Müjde'nin ışığında düşünerek buluruz.

Teolojik çerçeve yaklaşımı, önderlerin Kutsal Kitap'ta hiçbir vaka örneği bulunmayan ve hiçbir listede yer almayan koşulların ve günahların sonsuz çeşitliliğiyle de baş edebilmesine yardımcı olur. Eğer bir pastör olarak (ya da bir insan olarak) biraz zaman harcadıysanız, günahkârların (sizin ve benim gibi) son derece yaratıcı olduklarını bilirsiniz. İnsanlar günahlarını yaşarken her zaman hazır tarifler kullanmazlar. Her biri ev yapımıdır ve tadı biraz farklıdır. Bu yüzden birinci bölümdeki amacım, karşı karşıya oldukları birçok farklı duruma yönelik yaklaşımlarında kilise önderlerine yardımcı olacak bir teolojik çerçeve sunmak.

ZOR SORULAR

9Marks'da, tavsiye isteyen pastörlerden kilise disipliniyle ilgili çeşitli birçok soru alıyoruz. Yakın zamanda e-posta kutuma gelen bazıları şunlar:

• Üye olmayan birine disiplin uygulayabilir misiniz?

• Üyelerimizden biri tamamen imandan ayrılırsa ve kendini Hristiyan olarak görmüyorsa, ne yapmalıyız?

• Kilise, günahından tövbe etmeyen birinin üyelikten ayrılma talebini kabul etmeli mi?

• Kilise birini topluluktan attıktan sonra, başka bir üye bu kişiyle ilişkisini kesmeyi reddederse, ne yapmalıyız?

• Disiplin uygulanan bir aile üyesiyle Şükran Günü yemeği yemeli miyiz?

• Disiplin uygulanan birinin kilise toplantılarına katılmaya devam etmesine izin vermek, disiplini anlamsız kılar mı?

• Uzun zamandır toplantılara gelen ama kilise üyesi olmayan biri ayrılık yaratıyorsa, ne yapmalıyız?

• Uzun zamandır kilise üyesi olan ama hiç toplantılara gelmeyen biri ayrılık yaratıyorsa, ne yapmalıyız?

• Hristiyan olmayan biriyle evlenmek bir disiplin suçu mudur?

• Açgözlülük bir disiplin suçu mudur?

KİLİSE DİSİPLİNİ

• Yeme bozukluğu hastalıkları (anoreksi veya bulimia) disiplin suçları mıdır?

• Pavlus'la ilgili Yeni Bakış Açısı öğretisine (the New Perspective on Paul) inanmak disiplin suçu mudur?

• Farklı disiplin 'seviyeleri' var mı? Örneğin kilise tövbe edilmeyen zinaya, toplantılara katılmama alışkanlığıyla aynı şekilde mi karşılık vermeli?

• Kilise, ciddi bir günah işleyen ergen üyeleri disiplin altına almalı mı?

• Bir pastöre disiplin uygulamak hangi durumlarda gereklidir? Bu süreci kim yönetmelidir?

• Kilise üyelerinin disiplin uygulanan biriyle etkileşimlerinin nasıl olması gerektiğiyle ilgili net bir kılavuz var mı?

• Daha ciddi ve topluluk önünde olan günahlarda, kişiden tövbe ettiğinin kanıtı olarak kilisenin önünde günahını itiraf etmesini istemek uygun olur mu?

• Topluluktan atılmış birini topluluğa tekrar ne zaman ve nasıl kabul edebiliriz?

Elinizin altında iyi bir teolojik çerçevenin olması, bu soruları ve daha fazlasını cevaplamanıza yardımcı olabilir.

Tabii bu sorular direkt ve kapsamı sınırlı sorulardır. Gerçek hayatta günahların ve durumların birden fazla katmanı vardır ve onları birer birer ayıklarken işler daha zor görünebilir. Örneğin hiçbir yasayı ihlal etmeden müşterilerini dolandıran, iflas eden, bu müşterileri tarafından dava edilen,

22

Giriş

tövbe ettiğini söyleyen ama para çoktan bitmiş olduğundan ve önündeki on yılını bu fedakârlığı yaparak geçirmek istemediğinden müşterilerine kaybettikleri parayı geri vermeyi düşünmeyen bir adamla ilgili ne yapmalıyız?

Ya da üç farklı adamdan evlilik dışı üç çocuğu olan bekar bir anne şimdi başka bir adamdan dördüncü çocuğuna hamileyse ve gözyaşları içinde pastörün ofisine gelmişse? Ne kadar hıçkırarak ağladığı onun gerçekten tövbe ettiğini gösterir mi?

Birkaç ay boyunca kötü, birkaç ay boyunca durumu iyi idare ettikten sonra kamusal alanda alkol kullandığı için tutuklanan bir alkoliğe ne dersiniz? Polis memuruyla tartışmışsa, günahı ne kadar büyür? Peki bu son karıştığı olay yüzünden işini kaybediyorsa ve karısı onu terk ediyorsa? Daha merhametli olmalı mıyız?

Yüz yüze tanışmadığım bir kilise önderi bana telefonda şu durumla ilgili danışmıştı: Bir adamın karısı, adamı başka bir kadınla aldatmış, aldatan kadın evliliğinin yürümesini istediği halde adam boşanmaya karar vermiş, boşanmadan önce ve sonra adamın kendisi de başkalarıyla zina etmiş ve iki yıl sonra oradaki baş pastörün kızıyla nişanlıyken de bunların hepsi açığa çıkmış. Bu durumda ne yapardın?

Böyle durumlarda verebileceğim en iyi cevap genelde "Hiçbir fikrim yok ama senin için dua edeceğim" oluyor.

Ama bunun ötesinde, durumu değerlendirmek için bir teolojik çerçeve kullanırım. Bu kitabın birinci bölümündeki amacım, kilisenizde oluşabilecek çeşitli durumlara yönelik yaklaşımlarınızda size yardımcı olacak bu çerçeveyi tarif etmek.

KÖKTENCİ DİN Mİ, MÜJDE'NİN BİLGELİĞİ Mİ?

Hayattaki birçok durumda, tek tek ne yapılacağını açıklayan bir kural kitabının olması iyi olurdu: "Şununla karşılaşınca, şöyle yap." Bir ebeveyn ya da pastörseniz, ne demek istediğimi çok iyi anlamışsınızdır diye tahmin ediyorum.

İmanlı bir kardeşin günahına ne zaman ve nasıl karşılık verileceği konusunda da böyle düşünürüz: "Bob'a bir şey söylemek için doğru zaman mı, yoksa dilimi ısırmaya devam mı etmeliyim? Birisi bana bu konuda kesin bir şey söyleyebilir mi?"

Köktenci din, en katı formlarında, netlik isteğinden doğan bu motivasyonla hareket ediyor gibi görünür. Kutsal Kitap'ın hakkında hiçbir şey söylemediği konularda siyah beyaz cevaplar ister. Hiçbir netliğin olmadığı yerde kesinlik isterler.

Tanrı neden bir şeyi belirsiz halde bırakır? Benim tahminimce, başka muhtemel sebeplerin yanı sıra, O'ndan bilgelik istememizi istediği için. Çünkü bilgelik için Tanrı'ya yakarmak, bizim gibi doğası gereği kendi kendine yetmeye çalışan insanların O'na yönelmesini gerektirir. Hayattaki bütün gri alanlar, Tanrı'ya güvenmeyi öğrenmek için eğitim alanı işlevi görürler.

Bunun yanında, Tanrı'nın Sözü bize genel bir kılavuz ya da çerçeve de sunar. İşimiz, bu çerçeveyi anlamak ve sonra onu hassasiyetle bir durumdan ötekine uygulamak, devamlı Tanrı'ya güvenerek hareket etmek ve devamlı O'ndan bilgelik istemektir. Bu kitabın 2. bölümü bununla ilgilidir. Köktenciler için vaka örnekleri içeren bir yasa kitabı değildir: "Şununla karşılaşınca, şöyle yap." Bundan ziyade, temel çerçevenin çeşitli senaryolara nasıl uygulanabileceğini göstermeye çalışıyorum ki, bu sürecin nasıl göründüğüyle ilgili daha iyi bir fikriniz olsun. Vakaların sonunda sunduğum kararlar "son söz" değiller. Sadece benim ve diğer pastörlerin, Müjde'nin bilgeliğini uygulamaya yönelik en iyi çabamızın sonuçları. Ayrıca 1. bölümün sınırları sadece ilke belirlemeye izin verdiğinden, sonraki bölümde bunun ötesindeki daha duruma özel nüansları sunabildim.

Yukarıdaki çok sayıda örnekte olduğu gibi, bu "vaka örneklerini" bizzat dahil olduğum ya da en azından başkasından duyduğum gerçek hayattan alınma durumları kullanarak oluşturdum. Hepsinde, detayları çeşitli şekillerde değiştirdim.

Kitabın 3. bölümü, kilisenizi resmi kilise disiplini uygulamaya yönlendirme konusundaki tavsiyelerle kitabı toparlıyor. Yani, topluluğunuza ne öğretmeli, hangi yapıları yürürlüğe koymanız gerektiği konularını içeriyor.

DİSİPLİN UYGULAMALI MIYIZ?

Topluluğunuz kilise disiplini uygulamalı mı? Evet. Öncelikle, kilise disiplini sevgiden gelir ve şunları gösterir:

- uyarma ve tövbeye yöneltme yoluyla günahkâr kişiye olan sevgi

- daha zayıf koyunların korunması yoluyla kilise sevgisi

- Mesih'in dönüştüren gücünü göstererek kiliseyi izleyen dünyaya yönelik sevgi

- kiliselerin, kutsal adını muhafaza etmesi ve sözünü dinlemesiyle Mesih'e olan sevgi

KİLİSE DİSİPLİNİ

Diğer yandan disiplin uygulamaktan kaçınarak, Tanrı'dan daha iyi sevdiğimizi iddia etmiş oluruz. Çünkü O "sevdiğini terbiye [disipline] eder" ve "oğulluğa kabul ettiği herkesi cezalandırır" (İbr. 12:6).

O, disiplinin yaşam, büyüme ve sağlık getirdiğini bilir: "Tanrı, kutsallığına ortak olalım diye bizi kendi yararımıza terbiye ediyor" (İbr. 12:10). Evet, bu acılı bir süreç ama buna değer: "Terbiye edilmek başlangıçta hiç tatlı gelmez, acı gelir. Ne var ki, böyle eğitilenler için bu sonradan esenlik veren doğruluğu üretir" (İbr. 12:10). Doğruluk ve esenliğin nasıl birbirine bağlı olduğunu görüyor musunuz? Bu, Tanrı'nın bize verdiği sözdür.

Yani sevgi, kilisenin tüm disiplinini motive eden şey olmalıdır. Seviyor musunuz? O zaman disiplin de uygularsınız. Disiplin dünyasal kültürün anladığı gibi bir sözcük değildir. Sevgiden doğan disiplinse kesinlikle dünyasal kültürün anladığı bir şey değildir. Ama Kutsal Kitap'ın öğrettiği budur. Onun doğru olduğuna inanıyor musunuz?

Daha somut ifade etmek gerekirse, kiliseler şu nedenlerden dolayı disiplin uygulamalıdırlar:

• Kutsal Kitap'a dayalıdır;

• Müjde'nin bir gereğidir;

• kilisenin sağlığını destekler;

• kilisenin ulusların önündeki tanıklığını netleştirir ve parlatır;

• günahkârları gelecek olan daha büyük bir yargıya karşı uyarır;

• (en önemlisi) İsa Mesih'in yeryüzündeki adını ve itibarını korur.

İsa kendi adını kiliseyle birleştirdi. İtibarı için bize güvendi. Bu tuhaf değil mi? Ama bunun bütün yükü bizim omzumuzda değil. O, Eski Antlaşma İsrail'inin tarihinde, adını korumak için gereken her şeyi yapacağını kanıtlamıştır. Ama O yine de kiliselere yapmaları için bir iş verdi: O'nun adını ve itibarını ulusların önünde korumak. Bundan hoşlansanız da hoşlanmasanız da, dünya onunla ilgili fikirlerini bize bakarak edinecek.

Kilise disiplini temelde İsa'nın yeryüzündeki temsilcilerinin başka birini değil, bizzat İsa'yı temsil etmelerini sağlamakla ilgilidir.

Eğer kilisenizde disiplin uygulamak için daha fazla ikna edilmeye ihtiyacınız varsa, Mark Dever'ın *Nine Marks of a Healthy Church* kitabının 7. bölümünü tavsiye ederim. Konuyla ilgili diğer iyi kitaplar arasında Mark Lauterbach'dan *The Transforming Community*, Wyman Richardson'dan *Walking Together*, Eric Bargerhuff'dan *Love that Rescues* ve Jay Adam'ın artık klasikleşmiş olan *Handbook of Church Discipline*'ini sayabilirim. Ayrıca, www.9Marks.org'da daha kısa çok sayıda makale bulabilirsiniz.

Ayrıca umarım, sonraki birkaç bölümün sunduğu genel çerçeve sizin için ikna edici olur. Umarım, ulusların hayranlık duyması için İsa'nın halkının İsa gibi olmayı öğrendiği bir resim gözünüzde canlanır.

1. Kısım

BİR ÇERÇEVE OLUŞTURMAK

1

DİSİPLİNİN KUTSAL KİTAP TEMELLERİ

Kilise disiplini nedir? Geniş anlamıyla kilise disiplini, öğrenci yetiştirme sürecinin bir parçasıdır; günahı düzelttiğimiz ve öğrenciyi daha iyi bir yola yönelttiğimiz parçadır. Öğrenci olmak, diğer şeylerin yanında aynı zamanda *disiplin (terbiye) almak* demektir. Hristiyan kişi, öğrenme ve düzeltilme yoluyla disiplin alır. Bu tıpkı matematik dersinde öğretmenin önce dersi öğretip sonra öğrencinin hatalarını düzeltmesi gibidir.

Bu nedenle, hem geliştirici hem de düzeltici disiplin yüzyıllardır uygulanmaktadır. Geliştirici disiplin, öğretme yoluyla disiplin uygulamaya yardımcı olur. Düzeltici disiplinse günahı düzelterek öğrenciyi düzeltmeye yardımcı olur. Bu kitap düzeltici disipline odaklanıyor ama öğretme ve düzeltme her zaman birlikte işler. Bu, öğrenciliğin doğasındandır.

Daha net ve resmi bir ifadeyle kilise disiplini, bir kişiyi kilise üyeliğinden ve Rab'bin Sofrası katılımından çıkarmaktır. Bu, kişinin kilisenin herkese açık toplantılarına katılmasını yasaklamaz. Ama onu artık bir Hristiyan olarak tanımlamadığını ve inancını doğrulayamadığını topluluğa karşı ifade eder. Kişiye Rab'bin Sofrası'ndan vermeyi reddetmektir. Kişiyi aforoz etmek ya da topluluktan çıkarmaktır.

Net olması için, burada bu ifadeleri eş anlamlı olarak kullanacağım: "aforoz etmek", "paydaşlıktan çıkarmak", "Rab'bin Sofrası'ndan uzaklaştırmak" ya da "resmi disiplin uygulamak." Bazıları bunlardan bir veya ikisini sürecin farklı aşamaları olarak ele alıyor ancak ben öyle almıyorum.

İSA'NIN DİSİPLİNLE İLGİLİ SÖYLEDİKLERİ

Yeni Antlaşma'daki birçok metin, kilise disiplini uygulamasından bahseder. Bunlardan en bilineni muhtemelen İsa'nın Matta Müjdesi'ndeki şu ifadeleridir:

Eğer kardeşin sana karşı günah işlerse, ona git, suçunu kendisine göster. Her şey yalnız ikinizin arasında kalsın. Kardeşin seni dinlerse, onu kazanmış olursun. Ama dinlemezse, yanına bir ya da iki kişi daha al ki, söylenen her şey iki ya da üç tanığın sözüyle doğrulansın. Onları da dinlemezse, durumu inanlılar topluluğuna bildir. Topluluğu da dinlemezse, onu putperest ya da vergi görevlisi say. (Mat. 18:15–17)

İlk bakışta İsa'nın burada iki şeyi amaçladığını görürüz: birinci olarak, günahkârın tövbe etmesi; ikinci olarak, günahkârı tövbeye yöneltmek için gereken insan sayısının asgari düzeyde tutulması. Bunların ardına baktığımızdaysa, kilisenin dünyadan farklı görünmesi gerektiği yönünde daha derin bir mesaj vardır: Hristiyanlar putperestle ya da vergi görevlileri gibi yaşamamalıdırlar. Matta'nın hitap ettiği Yahudiler "putperest" sözüyle kastedilen şeyin antlaşma topluluğunun dışındakiler olduğunu ve "vergi görevlisi" sözüyle de antlaşma topluluğuna ihanet edenlerin (ve böylelikle yine topluluğun dışında olanların) kastedildiğini anlıyorlardı. Kilise üyeleri dünyadan farklı yaşamalıydı. Bir dizi lütufkâr uyarıdan sonra da tövbe etmezlerse, kilise onları paydaşlıktan çıkarmalıydı.

Burada bahsi geçen günah, kişiler arasında işlenen günahtır. İsa "sana karşı" diyor. Ama birçok zaman bu detayın önemini gereğinden fazla vurguladığımıza inanıyorum. Buradaki mesele kişinin tövbe edip etmemesi ya da yeniden Mesih'teki bir kardeş gibi görülüp görülmemesidir. Bu ayetlerdeki daha büyük mesaj, yerel kiliselerin, iman beyanlarını değerlendirme ve bunlarla ilgili gerekeni yapma yetkisine sahip olduklarıdır: "yeryüzünde aranızdan iki kişi, dileyecekleri herhangi bir şey için anlaşırlarsa" (Mat. 18:19). Bir başka deyişle, kiliseler 15-17. ayetlerde tarif edilen kilise disiplini sürecini daha genel anlamda günahlara uygulayabilirler.

Kısacası İsa, kiliselerin yargılayıcı bir rol oynamasını istiyor. "İki ya da üç tanık" ifadesi Yasa'nın Tekrarı 19'da, Musa'nın suçları yargılama sürecindeki kuralları anlattığı metinden alıntıdır. Ağzıyla İsa'yı temsil ettiğini iddia eden ama başka türlü yaşayan insanlarla karşılaştıklarında, kiliseler kanıtları dikkatlice tartmalı ve buna göre yargıda bulunmalıdırlar. "Bu geçerli bir Müjde imanı mı? Bu kişi gerçekten Müjde'yi yaşıyor mu? Kanıtlar neyi gösteriyor?"

KİLİSE DİSİPLİNİ

ELÇİLERİN DİSİPLİNLE İLGİLİ SÖYLEDİKLERİ

Elçi Pavlus da birçok yerde kilise disiplinini dile getirmektedir:

- Kardeşler, eğer biri suç işlerken yakalanırsa, ruhsal olan sizler, böyle birini yumuşak ruhla yola getirin. (Gal. 6:1)
- Karanlığın meyvesiz işlerine katılmayın. Tersine, onları açığa çıkarın. (Ef. 5:11)
- Birinci ve ikinci uyarıdan sonra bölücü kişiyle ilişkini kes. (Tit. 3:10)
- Eğer bu mektuptaki sözlerimize uymayan olursa onu mimleyin. Yaptıklarından utanması için onunla ilişkinizi kesin. Yine de onu düşman saymayın, bir kardeş olarak uyarın. (2.Se. 3:14–15)

Yuhanna, birinin kilisenin paydaşlığına katılmasına izin vermeyerek önleyici bir tür disiplini teşvik eder:

- Haddini aşıp Mesih'in öğretisine bağlı kalmayan hiç kimsede Tanrı yoktur. Bu öğretiye bağlı kalanda ise hem Baba, hem de Oğul vardır. Size gelip de bu öğretiyi getirmeyeni evinize almayın, ona selam bile vermeyin. (2.Yu. 9–10)

Petrus da aynı zamanda bize önleyici disiplinin açık bir örneğini sunar (Elç. 8:17–24).

KORİNT'TE DİSİPLİN

Kilise disipliniyle ilgili en bilinen bölümlerden biri de 1. Korintliler 5'tir. Pavlus günahı ve ona verdiği tepkiyi bölümün ilk birkaç ayetinde şöyle açıklar:

> Aranızda fuhuş olduğu söyleniyor, üstelik putperestler arasında bile rastlanmayan türden bir fuhuş! Biri babasının karısını almış. Siz hâlâ böbürleniyorsunuz! Oysa yas tutup bu işi yapanı aranızdan atmanız gerekmez miydi?
>
> Bedence olmasa da ruhça aranızdayım. Bu suçu işleyeni, aranızdaymışım gibi Rabbimiz İsa'nın adıyla zaten yargılamış bulunuyorum. (1.Ko. 5:1–3)

Pavlus'un verdiği öğütte çarpıcı olan şey, söylediklerinin İsa'nın Matta 18'deki öğüdüyle hem örtüşmesi hem de örtüşmemesidir. İsa gibi Pavlus da kiliseyi yargılama görevine teşvik ediyor. Hatta "yargı" veya "yargılama" gibi ifadeleri birkaç kez kullanıyor (1.Ko. 5:3, 12-13). İsa gibi Pavlus da İsa'nın adını ikrar eden bir kişinin, kilise bedeninden çıkarılabileceği bir senaryodan bahsediyor. Ama İsa'dan farklı olarak Pavlus, İsa'nın Matta 18'de öğütlediği gibi, kiliseye günahkârı uyarmalarını ve tövbeye çağırmalarını söylemiyor. Kiliseye hiçbir soru sormadan onu kiliseden çıkarmalarını söylüyor. Bunun mantığını 3. bölümde konuşacağız.

Sonraki ayetlerde Pavlus, bu disiplin eyleminin nasıl görüneceğini daha incelikli bir şekilde tarif ediyor:

KİLİSE DİSİPLİNİ

Ben ruhça aranızdayken Rabbimiz İsa'nın gücüyle toplandığınız zaman, bedeninin yok olması için bu adamı Şeytan'a teslim edin ki, Rab İsa'nın gününde ruhu kurtulabilsin. (1.Ko. 5:4-5)

Bu adamı –İsa'nın ifadeleriyle, bir putperest ya da vergi görevlisi gibi– Şeytan'a teslim etmek, ona artık antlaşma topluluğuna ait olmayan biri gibi davranmaktır. Sonuçta kilise, Tanrı'nın egemenliğinin bir karakoludur. Tanrı'nın egemenliğine ait olmayan herkes, Şeytan'ın egemenliğine dahildir. Şeytan bu dünyanın hükümdarıdır ve dünyanın krallıkları geçici olarak ona verilmiştir (Yu. 12:31, 14:30; Mat. 4:8-9). Pavlus daha sonra bu adamın kiliseden çıkarılmamasının tüm kiliseyi riske atacağını belirtiyor:

> Övünmeniz yersizdir. Azıcık mayanın bütün hamuru kabarttığını bilmiyor musunuz? Yeni bir hamur olabilmek için eski mayadan arınıp temizlenin. Zaten mayasızsınız. Çünkü Fısıh kuzumuz Mesih kurban edildi. Bunun için eski mayayla –kin ve kötülük mayasıyla– değil, içtenliğin ve dürüstlüğün mayasız ekmeğiyle bayram edelim.
>
> Mektubumda size fuhuş yapanlarla arkadaşlık etmemenizi yazdım. Kuşkusuz dünyadaki ahlaksızları, açgözlüleri, soyguncuları ya da putperestleri demek istemedim. Öyle olsaydı, dünyadan ayrılmak zorunda kalırdınız! Ama şimdi size şunu yazıyorum: Kardeş diye bilinirken fuhuş yapan, açgözlü, putperest, sövücü, ayyaş ya da soyguncu

olanla arkadaşlık etmeyin, böyle biriyle yemek bile yemeyin. (1.Ko. 5:6-11)

Bölümün son ayetlerinde Pavlus, kilisenin bu adamın hayatında yargılama rolü olduğu gerçeğini tekrarlıyor: "İnanlılar topluluğunun dışındakileri yargılamaya benim ne hakkım var? Sizin de yargılamanız gereken kişiler topluluğun içindekiler değil mi? Topluluğun dışında kalanları Tanrı yargılar. 'Kötü adamı aranızdan kovun!'" (12-13. ayetler).

KİLİSE DİSİPLİNİNİN AMACI

1. Korintliler 5. bölüm, kilise disiplininin hedeflerini anlamak için özellikle faydalıdır. Burada en az beş tanesini tespit etmek mümkün. İlk olarak, disiplin *açığa çıkarmayı* hedefler. Günah kanser gibi saklanmayı sever. Disiplinse kanseri açığa çıkararak çok geçmeden alınmasını sağlar (bkz. 1.Ko. 5:2).

İkinci olarak, disiplin *uyarmayı* hedefler. Kilise, disiplin aracılığıyla Tanrı'nın misillemesini uygulamaz. Bunun yerine, gelecek olan büyük yargıyı temsilen küçük bir sahneleme yapar (5. ayet). Disiplin şefkatli bir uyarıdır.

Üçüncü olarak, *kurtarmayı* hedefler. Kiliseler ölüm yoluna giren bir üyeyi gördüklerinde, seslenmeleri ve el sallamaları o kişiyi geri döndürmediğinde, disiplin uygulamaya karar verirler. Disiplin, kişiyi tövbeye getirmek için son çaredir (5. ayet).

Dördüncü olarak, disiplin *korumayı* hedefler. Kanserin bir hücreden diğerine yayılması gibi, günah da hızlıca bir kişiden diğerine yayılır (6. ayet).

KİLİSE DİSİPLİNİ

Beşinci olarak, İsa için iyi bir tanıklık sunmayı hedefler. Kilise disiplini, kulağa tuhaf gelse de, aslında Hristiyan olmayanlar için de iyidir çünkü Tanrı halkının çekici farklılığını korumaya yardımcı olur (1. ayet). Unutmayın ki kiliseler tuz ve ışık olmaya çağırılmıştır. İsa şöyle demiştir: "Ama tuz tadını yitirirse, bir daha ona nasıl tuz tadı verilebilir? Artık dışarı atılıp ayak altında çiğnenmekten başka işe yaramaz" (Mat. 5:13).

BİR MÜJDE ÇERÇEVESİNE OLAN İHTİYAÇ

Kilise disiplinine nasıl yaklaşılacağını bilmeye yönelik daha geniş bir teolojik çerçeve ihtiyacına dikkat çeken, bu son hedeftir.

Kilise disiplini konusunun doğurduğu ikilemi ele alalım. Kilise disiplininin merkezinde, daha önce söylediğimiz gibi, *günahı düzeltme* düşüncesi yatar. Ama Hristiyan Müjdesi'nin merkezinde, birçok kişinin de katılacağı gibi, *günahı bağışlama* düşüncesi vardır. Eğer Tanrı günahı affediyorsa, neden günahı düzeltme kaygısı duyalım? Hristiyanlar da başkalarını affetmeye çağırılmaktadırlar. O halde birbirinin günahını düzeltmenin amacı ne olabilir?

Sadece bağışlama ve koşulsuz sevgiden bahseden inceltilmiş Müjde anlayışında, yüzey seviyesindeki bu gerilimle baş edebilecek kaynaklar yoktur. Bunun sonucundaysa günah, ele alınmadan kalır ve kilise dünyaya benzemeye başlar.

Ama daha sağlıklı bir Müjde anlayışı sadece günahın suç olma yönüne işaret etmekle kalmaz, aynı zamanda yeni bir doğa (yeni yaratılış) vaadiyle birlikte, günahın yozlaştırıcı yönüne işaret eder. Aynı zamanda Müjde'yi, Tanrı'nın kendisini temsil etmesi için insanlığa yönelik amaçlarını anlatan Kutsal Kitap hikâyesinin daha geniş bağlamına yerleştirir.

Tanrı, Adem'e yaratılış üzerinde egemenlik sürerek kendisine benzeme görevi vermişti ama Adem bunu başaramadı. İsrail de başaramadı. İsrail kralı Davut da başaramadı. Ama sonra Tanrı'ya mükemmel bir şekilde benzeyen biri geldi. Müjde'nin iyi haberi, Tanrı'nın O'nunla barışmamız ve O'nun yaşamlarımız için olan tasarılarına geri dönmemiz için, tekrar İsa'yla birlikte tüm yaratılış üzerinde egemenlik sürmemiz için bir yol hazırladığıdır. O, Oğlu'nun gerçekleştirdiği eylem ve Ruhu'nun bize verdiği yasaya uyan yeni doğamız sayesinde, suçlarımızın bağışlanacağına söz veriyor. Kilise disiplini, şimdi ele alacağımız bu çerçeve içerisinde anlam kazanır.

2

DİSİPLİNİ ANLAMAK İÇİN BİR MÜJDE ÇERÇEVESİ

Diyelim ki bir Amerikan futbolu oyuncusu, arkadaşlarıyla birlikte ilk kez ayak futbolu oynuyor. Oyunun ortasında uzanıp futbol topunu eline alıyor ve koşmaya başlıyor. Hakem hemen o anda düdüğünü çalıyor ve faul yaptığını işaret ediyor. Bu noktada Amerikan futbolu oyuncusu hakeme şaşkınlıkla bakabilir. Neden düdüğü çaldı? Neden faul verdi? Her zaman yaptığı şeyi yapmış, topu alıp koşmaya başlamıştı.

Buna yönelik olarak, birisi ona ayak futbolunda, oyun sırasında kaleci dışında hiçbir oyuncunun topa elleriyle dokunamayacağını açıklayabilir. Şimdi, oyuna geri dön ve bu hatayı bir daha yapma.

Ya da birisi konu üzerinde biraz daha durup, ona genel olarak bu futbolun nasıl oynandığı da açıklayabilir. Futbol adı üstünde ayakla oynanan bir oyundur, elle değil. Futbolu harika bir oyun yapan şey, becerikli oyuncuların topu ellerini hiç kullanmadan kontrol edebilmeleridir. Dünyada Amerikalılar dışında bütün milletler, futbol deyince bu ayakla oynanan versiyonunu anlıyorlar. Bu yüzden aslında bura-

40

daki Amerikan futbolu oyuncusu sadece bir kuralı değil, bu oyunun bizzat amacını belirleyen bir kuralı ihlal etmiştir.

Benzer şekilde kilise disiplini de iki şekilde anlatılabilir. İlk olarak, tıpkı Hristiyan yaşamında bir faul yapıldığını işaret etmek için düdüğün çalınması gibi, belli bir günahı düzeltme eylemi olarak tanımlanabilir. Ya da buna daha iyi bir alternatif olarak, bu çalınan düdüğün sebebi Müjde'nin, kilisenin ve Hristiyan yaşamının gayelerinin daha geniş çerçevesi içinde anlatılabilir. Disiplin eylemini bu daha büyük teolojik çerçeveye (benim bir Müjde çerçevesi dediğim şeye) oturtmak, kilisedeki birçok günah vakasında istisnasız bir şekilde ihtiyacımız olan farkındalığı gösterebilmemize yardımcı olur.

Örneğin yalan söylemek bir "faul"dür. Bir üye her yalan söylediğinde tüm kilisenin bununla ilgilenmesi gerekiyor mu? Elbette hayır. Cevabın büyük kısmı, bu yalanı ya da yalanları çevreleyen koşullara bağlıdır: Doğurduğu ya da doğuracağı sonuçları neler? Söyleyen kişi hâlâ buna devam ediyor mu? Bu onun için kalıp bir yaşantı mı?

Özel olarak ilgilenilmesi gereken ve topluluk önünde ilgilenilmesi gereken yalanlar vardır. Bunların arasındaki çizgiyi nasıl anlarız? Kilise disipliniyle ilgili pratik zorluk budur. Çokça bilgeliğin gerekli olduğu yer tam da burasıdır.

Eğer düzeltme eylemini daha geniş bir Müjde çerçevesinde anlarsa, kilise önderlerinin bu çizginin nereye denk geleceğini tespit edebilmek için daha donanımlı olacaklarına inanıyorum. Müjde, ne zaman konuşacağımızı ve ne zaman sessiz kalacağımızı, ne zaman harekete geçeceğimizi ve ne zaman geçmeyeceğimizi kestirmemize yardımcı olur.

MÜJDE NEDİR?

Kilise disiplini için bir çerçeve oluşturmak istiyorsak (1) Müjde'yi, (2) Hristiyan olmanın ne demek olduğunu, (3) yerel kilisenin ne olduğunu ve (4) kilise üyeliğinin ne anlama geldiğini anlamamız gerekir.

Müjde nedir? Önsözde bunu kısaca tarif etmiştim. Burada biraz daha detaya gireyim. Müjde, insanların Tanrı'ya isyan etmelerinin ve O'nun dünyasında kendi başlarına hüküm sürmelerinin uzun hikâyesinin sonunda gelen iyi haberdir. Tanrı, insanlığı kendi yaratılışı üzerinde O'nun egemenliğini ve karakterini temsil etmeleri için kendi benzeyişinde yarattı. Kendi benzeyişinde yarattı ki, O'nu resmedebilsinler. Onları itaatkârlıkla egemenlik sürmeye çağırdı ki, O'nun yaptığı gibi, yani iyilikle, adaletle, kutsallıkla ve sevgiyle egemenlik sürebilsinler.

Ama insanlık kendisinin Tanrı'dan daha bilge olduğuna karar verdi ve insanlar kendi kendilerini yönetmeyi seçtiler. Kendi doğalarını bozup ölüm cezasını hak ettiler. İsrail'in hikâyesi bu yaratılışın ve günaha düşüşün hikâyesinin en açık örneğidir. Bir grup insana Tanrı'nın yasasının tüm avantajları, O'nu temsil edebilmeleri amacıyla veriliyor ama onlar kendi istediklerini yapıyorlar. Tanrı da onları ülkesinden kovuyor.

Bu üzücü hikâyenin sonunda gelen iyi haber, Adem'in ve İsrail'in soyundan birinin, ne Adem'in ne de İsrail'in yapamadığını yapmak için dünyaya geldiğidir. Tanrı suretinin bizzat kendisi Olan, insan olarak geldi ve göksel Baba'ya tamamen itaat ederek krallığını kurdu. Ama sadece bunu yapmakla kalmadı, aynı zamanda kendi canını verip günahın bedelini ödeyerek, bu krallık için bir halk kazandı ve sonra da ölümden dirilip tamamen yeni bir yaratılış başlattı.

Kısacası iyi haber, İsa Mesih'in Rab olarak O'na tövbe ve imanla yönelip ardından gelen herkes için kurtuluşu ve egemenliği getirmiş olmasıdır. Kurtuluş günahların bağışlanmasını, Mesih'te Tanrı'yla barışmayı, Mesih'in halkıyla barışmayı ve yeryüzünde İsa'yı temsil etme uğrunda itaatkârlıkla egemenlik sürmeyi isteyen, içinde Ruh'un yaşadığı yeni bir yüreğe sahip olmayı kapsar.

HRİSTİYAN NEDİR?

Hristiyan nedir? Hristiyan'ın ne olduğunu tarif etmenin birçok yolu vardır. Yeni başlayanlar için Hristiyan, Mesih'in kanıyla gelen antlaşma sayesinde bağışlanmış ve Tanrı'yla barıştırılmış olan kişidir. Ruh aracılığıyla kendisine yeni bir doğa verilen kişidir (bkz. Yas. 30:6-8; Yer. 31; Hez. 36:24-27).

Ama Hristiyan olmak yeni bir statü ve yeni bir doğadan daha fazlasıdır. Hristiyan'ın yeni bir ailesi vardır. Bunun sonucu olarak artık bir halkın üyesidir. Mesih'le barışmasının sonucu olarak Mesih'in halkıyla da barışmıştır (Ef. 3:6). Pavlus Efesliler 2. bölümün ilk yarısını ikinci yarısına bağlarken bu bağlantıyı kurar. Önce bize lütuf sayesinde kurtulduğumuzu söyler (Ef. 1:1-10). Sonra da, Yahudi'yle Yahudi olmayanı birbirinden ayıran duvarın yıkıldığını, böylece yeni bir insanın yaratıldığını söyler (11-22. ayetler). Bir anne ve baba tarafından evlatlık edinilmek demek, yeni kardeşlerinizin olması demektir. Hristiyanlık da böyledir. Yeni bir aileye katıldığımızın farkında olsak da olmasak da, Mesih'te evlatlık alınmak demek bu aileye evlatlık alınmak demektir.

Yani, bir Hristiyan'ın yeni bir statüsü, yeni bir doğası, yeni bir ailesi ve son olarak da yeni bir görevi vardır. Hristiyan artık İsa'yı ve dolayısıyla Tanrı'yı temsil etmekle yükümlüdür. Vaftizin ve Rab'bin Sofrası'nın mesajı tam olarak budur. Vaftiz olmak demek kendimizi Baba'nın, Oğul'un ve Kutsal Ruh'un adıyla tanımlamamız, aynı zamanda Mesih'in ölümü ve dirilişiyle tanımlamamız demektir (Mat. 28:19; Rom. 6:4-5). Rab'bin Sofrası'ndan almak, O'nun ölümünü ve bedeninin üyesi olduğumuzu ilan etmektir (1.Ko. 11:26-29; bkz. Mat. 26:26–29). Tanrı, halkının işaretlenerek tanınmasını ve ayrılmasını istiyor. Kendi halkıyla dünya arasında bir ayrımın olmasını istiyor. Kutsal olmamızı istiyor çünkü O kutsal. Hristiyanlar tam da bugün O'nu temsil ediyorlar!

Bir başka ifadeyle Hristiyan, yeryüzünde Tanrı'nın adını taşıyan, O'nun Müjdesi'ni duyuran ve O'nun halkıyla birleşmiş olandır. Özetle, Hristiyan bir elçidir; kimliği ve yaptığı iş birbiriyle kaynaşmıştır. Bir elçinin söylediği ve yaptığı her şey, onun kralını temsil eder. Hristiyanlar ve Mesih arasında da durum böyledir.

YEREL KİLİSE NEDİR?

Peki yerel kilise nedir? Yerel kilise Hristiyanların bir araya gelmesinden fazlasıdır. On Hristiyan'ın bir parkta birlikte oturması orayı kilise yapmaz. İsa, yerel bir kilise olarak birlikte toplanan Hristiyanlara, bireysel Hristiyanlara vermediği bir egemenlik yetkisi vermiştir. Özel olarak belirtmek gerekirse, yerel kiliselere vaftiz yapma veya yapmama, Rab'bin Sofrası'nı verme veya vermeme yetkisi aracılığıyla egemenliğin anahtarlarını ve yeryüzünde Tanrı'nın halkını işaretleme görevini teslim etmiştir.

Disiplini Anlamak İçin Bir Müjde Çerçevesi

İlk olarak Matta 16 ve 18'de, daha sonra da Matta 28'de gördüğümüz resim budur. Sonra bu resim Elçilerin İşleri ve Mektuplar'da bir filme dönüşür. İsa yerel kiliseyi iman ikrarında bulunan birinin bu ikrarını değerlendirme, kişinin yaşamını değerlendirme ve gökler adına resmi yargıda bulunma yoluyla egemenliğin anahtarlarını kullanmakla yetkilendirmiştir. Bu ikrar doğru mu? İkrar eden kişi sahici mi? Yerel kilise, İsa'nın Mesih olduğunu söyleyen Petrus'u bu konuda sorgulayan İsa'nın örneğini izler (Mat. 16:16-17). Bu işini özellikle Matta 26 ve 28'de anlatılan ruhsal törenler aracılığıyla yapar: Rab'bin Sofrası ve vaftiz.[1]

Bir başka deyişle yerel kilise, kimin egemenliğin vatandaşı olduğunu ve yeryüzünde İsa'nın adını temsil etme hakkı bulunduğunu söylemek için göksel yetkiye sahiptir. İsa insanlara Hristiyan olduklarına kendi kendilerine karar verme ve ulusların önünde İsa'yı temsil etme yetkisi vermedi. Yeruşalim halkı Petrus'a kurtulmak için ne yapmaları gerektiğini sormuştu. Petrus şöyle cevap vermişti: "Tövbe edin ve vaftiz olun" (Elç. 2:38). Çünkü Yeruşalim kilisesinin resmi onayına ihtiyaçları vardı.

Yerel kilisenin yalnızca bunu ilan etme gücü olduğunu unutmamalıyız. Bir kilise kimseyi egemenliğin vatandaşı *yapmaz*. Ama birinin Mesih'in egemenliğine ait olduğunu ya da olmadığını ilan etme sorumluluğu vardır. O halde kilise, bir ülkenin büyükelçiliği gibidir. Eğer yabancı bir ülkede

---

1 Burada sunulan metinler ve tanımlarla ilgili kendi yorumlarımın açıklaması ve savunması, *Kilise Üyeliği: Dünya İsa'yı Kimin Temsil Ettiğini Nasıl Anlar?* adlı kitabın 3. bölümünde yer alıyor. Daha da kapsamlı bir savunmaysa *The Church and the Surprising Offense of God's Love: Reintroducing the Doctrines of Membership and Discipline* (Wheaton, IL: Crossway, 2010) adlı kitabımın 4. bölümünde bulunabilir.

seyahat ettiğiniz sırada pasaportunuzun geçerlilik süresi biterse, pasaportunuzu yenilemeleri için ülkenizin büyükelçiliğine başvurursunuz. Büyükelçilik, vatandaş olarak sizde bulunmayan bir yetkiye sahiptir. Elbette kilise egemenlik yetkisi bulunan bir kuruluştan fazlasıdır. Aynı zamanda bir "beden", "aile", "sürü", "tapınak", "gerçeğin direği ve dayanağı" ve daha fazlasıdır. Ama kilisenin İsa tarafından yeryüzünde *kurulmuş*, kimin O'nun egemenliğinin vatandaşları ve elçileri olduğunu ilan etme yetkisi olan tek *kuruluş* olduğu gerçeğini de göz ardı etmemeliyiz.

O halde bir kuruluş olarak yerel kilisenin tanımını yapacak olursak, şöyle diyebiliriz: bir yerel kilise, Müjde'nin vaaz edilmesi ve müjdesel törenlerin uygulanması aracılığıyla, birbirlerinin İsa Mesih'teki ve O'nun krallığındaki üyeliklerini denetleyip onaylayan ve bu amaçla düzenli olarak Mesih'in adıyla toplanan bir Hristiyan grubudur.

Yani, Hristiyanlar kulüplere katılır gibi kiliselere "katılmaz", onlara teslim olurlar. Kilise mutlak yetki sahibi değildir; bir ebeveynin kendi çocuğu üzerindeki yetkisinden daha mutlak bir yetkiye sahip değildir. Ama Mesih Hristiyanların, egemenliğindeki vatandaşlıklarından ötürü, yerel kiliselerin gözetimine teslim olmalarını istemektedir.

Yerel kilise bu anahtarları mükemmel bir şekilde mi kullanır? Hayır. İsa tarafından kurulan diğer tüm otoriteler nasıl hata yapıyorsa, yerel kilise de hata yapar. Bu nedenle, yerel kilise Mesih'in son zamanda bir araya toplayacağı meclisin kusurlu bir temsili olacaktır. Ancak devlet başkanlarında ve ebeveynlerde olduğu gibi, yerel kilisenin hata yapıyor olduğu gerçeği, onun yetkili olmadığı anlamına gelmez.

Tüm bunlara baktığımızda, artık kilisenin başlıca işlerinden birinin İsa'nın adını korumak olduğu açık bir hale gelmiş olmalıdır.

KİLİSE ÜYELİĞİ NEDİR?

O halde kilise üyeliği nedir? Mesih'in egemenliğinin vatandaşı olmanın ilan edilmesidir. Bir pasaporttur. Mesih'in egemenliğinin basın odasında yapılan bir basın açıklamasıdır. İkrarda bulunan kişinin resmi, ruhsatlı, kayıtlı ve meşru bir İsa temsilcisi olduğunun açıklanmasıdır.

Daha somut ifade etmek gerekirse, kilise üyeliği bir kilise ve bir Hristiyan arasında olan, kilisenin Hristiyan'ın öğrenciliğini onaylayıp gözettiği ve Hristiyan'ın da kendisini kilisenin bakımı altında öğrenciliğini yaşamaya teslim ettiği resmi bir ilişkidir.

Bazı mevcut noktalara dikkat edin:

- bir kilise bedeni, kişinin iman ikrarının ve vaftizinin güvenilir olduğunu resmi bir şekilde *onaylar*;
- kişinin öğrenciliğini *gözeteceğini* vaat eder;
- kişi resmi olarak öğrenciliğiyle ilgili her şeyi kiliseye, bu bedenin yetkisine ve önderlerine *teslim eder.*

Yani kilise bedeni üyeye şöyle demiş olur: "İman ikrarını, vaftizini ve Mesih öğrenciliğinin geçerliliğini tanıyoruz. Bu yüzden ulusların önünde senin Mesih'e ait olduğunu topluluk önünde olarak *onaylıyor* ve tanıyor, seni paydaşlığımızın *gözetimine* dahil ediyoruz." Genelde üye de kilise bedenine şöyle der: "Ben de sizi imanlı ve Müjde'yi duyuran bir kilise olarak tanıyor, varlığımı ve öğrenciliğimi sevginize ve gözetiminize *teslim ediyorum*."

Kilise üyeliği standartları, Hristiyan olma standartlarından daha yüksek ya da daha düşük olmamalıdır. Hristiyan tövbe etmiş ve imanla Mesih'e dönmüş birisidir ve kiliseler ancak böyle birini üye olarak onaylamalıdırlar. Buna ek olarak tek gereklilik vaftizdir. Kilise üyelerinin vaftiz olmaları gerekir. Bu, Yeni Antlaşma'da sürekli tekrar eden bir örnektir. Petrus Yeruşalim'deki kalabalıklara "tövbe edin ve vaftiz olun" demişti (Elç. 2:38). Roma'daki kiliseye yazan Pavlus, Roma kilisesine ait olan herkesin vaftizli olduğunu varsayar (Rom. 6:1-3).

Bir başka deyişle kilise üyeliği, "ek gereklilikler" ile ilgili değildir. Kilisenin Hristiyan için ve Hristiyan'ın da kilise için belli sorumluluklar almasıyla ilgilidir. Mesih'in evrensel bedenindeki üyeliğimizi "giyinmek", "ortaya koymak", "yaşamak" ve "somutlaştırmak"tır. Bazı açılardan yerel kiliseyle üyeleri arasındaki birlik, evlilik törenindeki "kabul ediyorum" sözü gibidir. Bu yüzdendir ki, bazıları kilise üyeliğini bir "antlaşma" olarak görür.

Hristiyan'ın kiliseye katılmayı kendisinin seçmesi gerektiği doğrudur ama bu, kiliseyi bir gönüllü kuruluşu yapmaz. Mesih'i seçen Hristiyan, bir kiliseye katılmayı seçmek zorundadır.

DAHA KAPSAMLI BİR KİLİSE DİSİPLİNİ KAVRAMI

Müjde, Hristiyan, kilise ve kilise üyeliğiyle ilgili buraya kadar söylediklerimiz, kilise disiplinini anlamamız için gereken çerçeveyi oluşturmaktadır. Kilise disipliniyle ilgili bu temel varsayımları dört maddeyle özetleyeyim:

1. *Bir değişim beklentisi.* Yeni Antlaşma, Mesih'in halkının yaşamının Ruh'un gücüyle değişeceği vaadini vermektedir. Bu değişim yavaş gerçekleşse de, kiliseler bir değişim, yani Tanrı'nın lütfunun ve Ruhu'nun meyvelerini görmeyi beklemelidirler. Disiplin, görünürdeki meyve eksikliğine ve hatta kötü meyvelerin olmasına verilecek doğru karşılıktır.

2. *Temsil etme görevi.* Hristiyanlar küçük Mesihler olmalı, yeryüzünde İsa'yı temsil etmelidirler. Temsil etme düşüncesi, İsa'nın Kurtarıcı *ve* Rab olduğu düşüncesine dayanır. Hristiyanlara yeni bir statü ve yeni bir iş verildiği gerçeğine dayanır. Disiplin, Hristiyanların İsa'yı temsil etmemelerine ve bunu yapmaya istek duymamalarına verilecek doğru karşılıktır.

3. *Yerel kilisenin yetkisi.* İsa yerel kiliseye, egemenliğinin vatandaşlarını resmi olarak onaylama ve gözetme yetkisinin anahtarlarını teslim etmiştir. Kiliseler insanları Hristiyan *yapmazlar.* Bunu Ruh yapar. Ama kiliselerin, kimin Hristiyan olup olmadığını ulusların önünde herkese açık olarak bildirmeye yönelik beyansal bir yetkisi ve sorumluluğu vardır. Bu yüzden kilisenin aforoz etme eylemi, kişiyi herkese açık toplantılardan fiziksel olarak ve zorla çıkarmak şeklinde olmaz. Ki-

lisenin, devletin sahip olduğu kılıç gücüne benzer bir şekilde, insanları bedenen hareket ettirecek gücü yoktur. Bundan ziyade, kilise artık bu kişinin göksel vatandaşlığının kefili olamayacağını açıkça ifade eder. Aforoz, kilisenin artık bir kişiyi Hristiyan olarak görüp onaylamadığının ifadesidir.

4. *Teslim niteliğindeki üyelik.* Hristiyanlar Mesih'e teslim olmalarının bir parçası olarak yerel kiliselerin onayına ve gözetimine teslim olmaya çağırılmaktadırlar. Bu yüzden muhtemel bir disiplin eylemiyle karşı karşıya kaldıklarında, kilise üyeleri üyelikten ayrılmayı isteyerek kilisenin bu eylemini önleyemezler. Bu, bir insanın suçlandığı bir şeyden dolayı yargılandığı mahkemede vatandaşlıktan çıkmayı talep etmesi gibidir.

Kilise disiplinini bu teolojik zeminde düşündüğümüzde daha kapsamlı bir anlayışa ulaşırız. Bu sadece günahı düzeltmek ya da düdüğü çalmakla ilgili değildir. Kilise üyelerinin İsa'yı doğru biçimde temsil ettiklerinden emin olma amacıyla günahı düzeltmekle ilgilidir. Onları iddia ettikleri kişi olmaya çağırmakla ilgilidir.

Bu yüzden disiplin, dünyada kimin göksel egemenliği temsil etme ruhsatına ya da yetkisine sahip olduğu sorusuyla da ilgilidir. Hristiyan olduğunu söylemek, bu hakka sahip olduğunu söylemek demektir. Kilise üyesi olmak demek, bu hakka sahip olduğunun resmen onaylanması demektir. İsa'nın anahtarlarını taşıyan yerel kilise, vaftiz ve Rab'bin Sofrası aracılığıyla kişinin Hristiyanlık iddiasının geçerliliğine kefil olur. Kilise disiplini, bu geçerliliğin sorgulanır olduğu her durumda söz konusu olacaktır. Bu disiplin tek bir sorudan yola çıkar: Kilise hata yapan bu üyenin hâlâ gerçekten Hristiyan olduğuna, bunu herkese açık olarak ilan etmeye devam etmeyi isteyecek kadar inanıyor mu?

Kısacası, kilise disiplini tamamen İsa'nın yeryüzündeki itibarıyla ilgilidir. Burada söz konusu olan şey gerçekten büyüktür.

3

DİSİPLİN NE ZAMAN GEREKLİDİR?

Hristiyan öğrenci, İsa Mesih'i izleyen kişidir. Yerel kilisede öğrenciliğin bir parçası, kilise üyelerinin birbirine İsa'yı izlemeleri için yardım etmeleridir. Üyeler bunu geliştirme ve düzeltme aracılığıyla yaparlar. İyiyi öğretir ve kötüyü düzeltirler. Birbirlerine doğru yola yönlendiren teşviklerde bulunur, birbirlerinin yanlış yoldan sakınmalarına yardım ederler.

Bu bakımdan, Hristiyan'ın düzeltilme ihtiyacı aklımıza yatmalıdır. Hristiyan olmanın temel bir yönü, sınırlı ve günahlı doğmuş olduğumuzu kabul etmektir. Hem bunu fark etmememiz hem de kendimizi kandırmamız mümkündür. Bu yüzden öğrencilik yolundan ayrıldığımızda, bunu görmemize yardım edecek diğer imanlılara ihtiyacımız vardır.

Kilisemdeki bir başka önder olan Jamie'yle gelir vergilerim hakkında konuştuğumu hatırlıyorum. Konuşmanın bir yerinde Jamie, bodrum katımızda yaşayan kişiden eşimle birlikte aldığımız kiranın gelir vergisinden bahsetti. Jamie "kira geliri" ifadesini kullandığı anda kafamda bir düşünce belirdi: "Bir dakika, kira *geliri* mi? Kira olarak aldığım o çekler için vergi ödemeliyim değil mi?" Pratikte Birleşik Devletler hükümetinden çalıyordum ama bunu bilmiyordum. Öğrencilik yolundan ayrılmıştım ve İsa'yı temsil etmez olmuştum; çünkü O, Sezar'ın hakkını Sezar'a vermemizi söylemişti. Bu yüzden bir Hristiyan olarak geri dönüp önceki yılın vergilerini incelemekten ve ekstra parayı ödemekten başka seçimim yoktu.

Sınırlı ve günahlı doğmuş olduğunu kabul eden Hristiyanlar olarak, hayatımızda İsa'nın çizgisinden ayrıldığımız birçok alan olabileceğini de kabul edebiliriz. O halde çözüm, hayatımızı kilisenin diğer üyelerine açmaya başlamaktır. Çünkü onlar, kendimiz hakkında kolayca göremediğimiz şeyleri görmemize yardımcı olabilirler.

Disiplin de tam olarak bununla ilgilidir: birbirimizin günahını düzelterek Mesih benzerliğinde büyümemize yardım etmek. Jamie o anda bana "disiplin uygulamak" istemiş miydi bilmiyorum ama bunu iyi ki yapmıştı.

Kilise disiplininin gerekli olduğunu ne zaman söylemeliyiz? Genel anlamda konuşacak olursak disiplin, bir öğrenci günah işleyerek Mesih'in yolundan ayrıldığı her durumda gereklidir. Bir Hristiyan'ın göreviyle yaşantısı arasında bir boşluğun oluştuğu, yani İsa'nın temsilcisi olması gereken birinin İsa'yı temsil edemediği her durumda gereklidir.

Çoğunlukla disiplin, resmi olmayan yollardan ve birebir olarak gerçekleşir. Mesih'teki bir kardeş günah işlediğinde, bir başka kardeş sevgiyle ve sessizce bu konuya değinir.

Bazen bu süreç resmi olarak ve başkaları dahil edilerek de yürütülebilir. İnsanların "kilise disiplini" dediği şey ve kesinlikle aforozla kastettiğimiz şey budur. Resmi kilise disiplini, bir kilise üyesinin İsa'yı temsil etmediği, bu duru-

KİLİSE DİSİPLİNİ

mun bir karakter özelliği ve alışkanlık haline geldiği, öyle ki, kilisenin artık o kişinin Hristiyan olduğuna inanmadığı her durumda atılması uygun olan adımdır. Kilise bu durumda o kişinin iman açıklamasıyla ilgili verdiği onayı geri almalıdır. Bir önceki bölümde ele aldığımız disipline yönelik "Müjde çerçevesi" yaklaşımı budur. Bu, disiplin gerektiren günahları sıralayan listelere göre belirlenmez. Kilisenin, bu kişinin iman açıklamasını herkesin önünde geçerli olarak onaylamaya devam edip edemeyeceği sorusuna göre belirlenir.

Bu çerçeve dahilinde, kilise disiplininin ne zaman gerekli olduğuyla ilgili daha net bir şey söyleyebilir miyiz?

BEKLEDİĞİMİZ VE BEKLEMEDİĞİMİZ GÜNAHLAR

Az önce özel olarak konuşulabilecek günahlarla tüm topluluğun dahil olmasını gerektiren günahlar arasında bir çizgi olduğunu söyledim. Burada da benzer bir gözlem sunacağım: Bir Hristiyanlardan beklediğiniz günahlar, bir de size o kişinin Hristiyan olmayabileceğini düşündüren günahlar vardır. Resmi olmayan ve özel disiplin elbette bu çizginin iki tarafında da uygulanabilir. Ama resmi kilise disiplini veya aforoz, genelde bir kişi ilk alandan ikincisine, yani beklediğimiz günahlardan beklemediğimiz günahlara geçtiğinde uygulanır.

Örneğin, tövbe edilmiş sıradan bir yalanla bir kişinin yaşamı boyunca sürdürdüğü ve vazgeçmeyi reddettiği bir yalan arasında bir fark vardır. Örneğin kendisini Hristiyan olarak tanımlayan iki farklı kişinin yalanlarını karşılaştıralım. İlki, hiç almadığı prestijli bir iş teklifinden bahsedip övünüyor ve sonra bunun bir yalan olduğunu itiraf ediyor.

54

İkincisiyse bütün kariyerini yanlış bilgiler kullanarak inşa etmiş ve sonra bununla yüzleştirildiğindeyse, yalanlarında ısrar etmeye devam ediyor. İlk yalan –her ne kadar hiç olmamasını dilesek de– bazen Hristiyanlardan bekleyebileceğimiz türde bir yalandır. Pavlus'un ifadelerini kullanacak olursak, "eski yaratılış" imanlının zihninde belirir ve "yeni yaratılışı" kontrol etmeye çalışır ama yeni yaratılış ona karşı direnir. İkinci yalan, içinde Kutsal Ruh'un yaşadığı birinden bekleyeceğimiz bir şey *değildir*. Çünkü eski yaratılışla yenisi arasında bir çatışmanın olduğuna dair hiçbir şey göremeyiz. Tek gördüğümüz eski olandır.

İçinde Kutsal Ruh'un yaşadığı Hristiyanlar, genel olarak, farkında oldukları bir günahın içerisinde uzun süre yaşayamazlar. Nihayetinde bundan öylesine rahatsız olurlar ki, Ruh'un inayetiyle, nihayetinde doğru olan şeyi yaparlar.

Resmi kilise disiplini ya da aforoz kararı, bir kişi farkında olduğu bir günahta yaşamaktan memnun göründüğü zaman verilir. Çünkü Ruh'un etkisiyle günahından rahatsızlık duyduğuna dair bir kanıt göremeyiz; tek rahatsızlığı yakalanmakla ilgilidir. Günahın isteklerine itaat etmek, onun için bir *karakter özelliği* halini almıştır.

Tüm günahlar yanlıştır. Hiçbir günah İsa'yı temsil etmez. Ama bazı günahlar ya da devam eden günah kalıpları, tüm topluğun o kişinin sahip olduğunu söylediği imana olan güvenini kaybetmesine yol açar. Bir noktada kişinin sözleri güvenilirliğini kaybeder. Üye "tövbe" ettiğini, "iyi durumda" olduğunu ya da "*o kadar da* fena bir itaatsizlik yapmadığını" söylese de, hangi sebepten ötürü olursa olsun, kilise artık bu sözlere inanamaz. Çünkü bu sözlerin ardındaki yaşam, onlarla çok zıt görünmektedir. Bu yüzden kilise herkese açık

KİLİSE DİSİPLİNİ

olarak verdiği onayını, o üyenin artık Rab'bin Sofrası'ndan almasına izin vermeyerek geri alır. Pasaportunu ondan alır ve artık Mesih'in egemenliğinin vatandaşı olduğunu resmi olarak onaylayamayacağını bildirir.

PASTÖREL VE DURUMSAL HASSASİYET

Kilise disiplinini bu Müjde çerçevesinde görmek (günah listelerine göre değil de, kilisenin kişinin iman söylemini onaylamaya devam edip edemeyeceğine göre belirlenen çerçeve), farklı durumları ele alırken pastörün daha hassas bir değerlendirme yapabilmesine izin verir. Neyin günah sayılacağıyla ilgili belirleyici kılavuzumuz her zaman Kutsal Yazılar'dır ama hangi günahların ne ölçüde disiplin gerektirdiğini saptamak için pastörel değerlendirme gereklidir.

İki farklı insan aynı günahı işleyebilir ama o günahla ilgili bir pastörün ve kilisenin hissettiklerini etkileyecek olan çok sayıda durum vardır. Vergi kaçıran bir muhasebeci, bunu bilmeden yapan birine kıyasla daha büyük bir problem gibi görünecektir çünkü muhasebeci ne yaptığının ve nasıl yaptığının tam olarak farkındadır. Evli olmayan bir çiftin beşinci kez zina ettiği anlaşılırsa, bu çift muhtemelen yine evli olmayan ancak bunu ilk kez yapan bir çifte göre daha fazla disiplini hak eder. Yeni Hristiyanların genel itibariyle, tecrübeli imanlılara kıyasla daha sık büyük günahlara düşmeleri beklenebilir.

Kulağa ne kadar öznel gelse de, bir Hristiyan'dan ne *beklediğimizi* etkileyecek birçok farklı durum vardır. Beklentinin de yeri vardır çünkü bugünkü çağla gelecek çağın kesiştiği noktada yaşıyoruz. Bu çağda Hristiyanlar, Martin Luther'in dediği gibi, aynı anda hem günahkâr hem de aklanmış olanlardır. Yeni yaratılışın eskisiyle savaşmasını *bekleriz* ve farklı durumlar (imandaki yaşı, alınan öğretiş miktarı vb.), belli bir durumda yeni yaratılış ya da eski yaratılıştan hangisinin ağır basacağını belirleyebilir. Benzer şekilde, kilise disiplini de asla sadece "Hangi günah?" sorusuyla ilgili değildir. Bir günahın disiplin gerektirecek kadar ağır olup olmadığını tartabileceğimiz bir terazimiz yoktur. Bundan ziyade, günahlar tövbekârlıkla tartılırlar; terazinin bir tarafına günah, diğer tarafınaysa tövbeye dair kanıtlar konulur. Bu kanıtlar sadece söz konusu günahtan tövbeyi değil, kişinin yaşamındaki genel tövbe tavrını gösterir olmalıdır. Bu nedenle, muhtemel bir disiplin vakasını değerlendirmek her zaman kişinin genel tövbe beyanı ve bu beyanın aleyhinde olup soru işareti yaratan günahlar arasındaki dinamikle ilgilidir.

İsa'nın Matta 18'deki taleplerinin öğrettiği şey, topluluğun önüne getirmeden önce iki üç tanıkla o konuyu ele almaktır (Mat. 18:16). Yasa'nın Tekrarı 19. bölümden alıntı yaptığı metin, Tanrı'nın İsrailliler'den bir suçla ilgili yaptırımlarını dikkatlice ve adilce gerçekleştirmelerini istediğini gösterir. Kanıtları değerlendirmeli, hikâyeyi farklı açılardan dinlemeli, hafifletici koşulları dikkate almalıdırlar. Yargılamak için acele edilmemelidir. Hristiyanlar yavaşça, düşünceli bir şekilde ve lütufkârca hareket etmelidirler.

İki ya da üç tanığın (ve sonunda tüm topluluğun) günahı ya da devam eden günah kalıbını ölçtüğü standart basittir: Kişi tekrar tekrar tövbe etmeyi reddediyor ve bu yüzden artık iman ikrarına inanmak ve onu doğrulamak imkânsız bir hal mi alıyor? Kişi günahına sıkıca tutunduğu için imanını gösteren diğer davranışları geri planda mı kalıyor?

KİLİSE DİSİPLİNİ

Aynı zamanda, kilisenin hesaba katması gereken birçok başka durumsal unsur daha vardır:

• Bu kişi ne kadar zamandır Hristiyan?

• Hangi öğretişleri aldı?

• Günah işleyen kişi günahını kabul ediyor mu?

• Gerçekten günahından ötürü pişman görünüyor mu, yoksa günahını itiraf ederken buna istekli görünmüyor mu?

• Her şeyi hızlıca itiraf ediyor mu, yoksa bazı şeyleri itiraf etmekte gönülsüz mü?

• Kendisi tüm günahlarını itiraf ediyor mu, yoksa tek tek bizim mi itiraf ettirmemizi bekliyor?

• Hâlâ bazı şeyleri saklıyor olabilir mi?

• Bu devam eden bir kalıp mı? Karakter özelliği denilebilir mi?

• Düzeltilmeye açık mı?

• Günahla nasıl savaşılacağı konusunda danışmanlığa açık mı, yoksa bunu reddediyor ve nasıl başa çıkacağını en iyi kendisinin mi bildiğini düşünüyor?

• Günahıyla ilgili konuşulurken, günaha karşı bizim yanımızda gibi mi hissettiriyor, yoksa günahını mı savunuyor? Bir başka deyişle, "Evet, kesinlikle haklısınız. Bu berbat bir şey. Kurtulmak için ne yapmalıyım?" mı diyor, yoksa "Evet, neyse, tamam, bakarız" mı diyor?

Disiplin Ne Zaman Gereklidir?

• Kişisel ya da ailevi geçmişinde bu günahı daha az yanlış kılmasa da, daha beklenilir kılan bir şey var mı?

• Gerçekten güvendiği diğer kişiler tarafından mı günaha yöneltildi?

Bu sorulardan herhangi birinin cevabı tek başına, kilisenin ya da kilise önderinin yargısını bir yönden diğerine çevirmeyebilir. Ama bu faktörler hep birlikte değerlendirildiğinde, genellikle birini günah işlediği halde hâlâ Hristiyan olarak görmeye devam edip edemeyeceğimizi etkiyebilecektir.

GÖRÜNÜR, CİDDİ VE TÖVBE EDİLMEYEN GÜNAH

İsa'nın Yasa'nın Tekrarı 19'dan yaptığı alıntı ve Pavlus'un Korintliler'e "yargılamalarını" ve "dava görmelerini" söylemesi (1.Ko. 5:12; 6:2-5), bize en az iki şeyi öğretmektedir. İlk olarak, İsa Hristiyanlar arasında kendini üstün gören ve kişisel kan davasına dönen çekişmeleri yasaklasa da (Mat. 7:1-2), kiliselerin daha önce tarif ettiğimiz türden bir yargılama hakkı *olduğunu* söylemektedir.

İkinci olarak, bir kilisedeki yargı süreçleri, tıpkı mahkeme salonunda olduğu gibi, insanların kendi gözleriyle görebildiklerini ve kendi kulaklarıyla duyabildiklerini esas alır. Tanrı Hristiyanlara başkalarının yüreklerini görebilecekleri türden röntgen gözleri vermemiştir. Kişisel yaşamların meyvelerini değerlendirip onları ayırt edebilmeleri için Hristiyanlara (tüm insanlara verdiği gibi) normal gözler, kulaklar ve beyinler vermiştir (1.Ko. 5:12; bkz. Mat. 3:8; 7:16–20; 12:33; 21:43). Hristiyan olmayanlar kesinlikle gözlerini, kulaklarını ve beyinlerini Hristiyanların yaşamlarını gözlemlemek ve onları değerlendirmek için kullanıyorlar; Hristiyanlar da aynısını yapmalıdır. Bu, İsa'nın adını korumanın bir parçası olduğu kadar, günahkârları, Hristiyan olmayan gözlemcileri ve kiliseyi sevmenin de bir parçasıdır.

İsa kiliselere, insanların yaşamlarının dışarıdan görünen ya da *topluluk önündeki* meyvelerine dayanarak *topluluk önünde* yargıda bulunma yetkisi vermiştir.

Bir başka deyişle, kilisenin hangi günahlar için disiplin uygulaması gerektiği konusunda, "günah beklenen günah sınırlarını aşıp beklenmeyen günah sınırlarına girdiğinde" demekten biraz daha fazlasını söyleyebiliriz. Teorik açıdan yanılmaz olmasa da, bir tür asgari standart belirlemek faydalı olur. Bu doğrultuda söyleyebiliriz ki, resmi kilise disiplini gerektiren günahlar *görünür, ciddi* ve *tövbe edilmeyen* günahlar olmalıdır.

Öncelikle, günahın *görünür* bir ifadesinin olması gereklidir. Kiliseler, birinin yüreğinde açgözlülük ya da gurur olabileceğinden şüphelendikleri her seferde aforoz kartını kaldıramazlar. İtham edilen günahın gözle görünür ya da kulakla duyulur bir şey olması gereklidir.

İkinci olarak, günahın *ciddi* olması gerekir. Kilise ve önderlerinin her günahı sonuna kadar araştırması gerekmez. Kilise hayatında "birçok günahı örten" sevgi için yer bırakılmalıdır (1.Pe. 4:8). Şükürler olsun ki Tanrı, her günah işlediğimizde bizi açıkça terbiye etmez.

Son olarak, günahın *tövbe edilmeyen* bir günah olması gerekir. Söz konusu kişi, Tanrı'nın Kutsal Kitap'taki buyruklarıyla yüzleştirilmiştir ama günahını bırakmayı reddetmeye devam ediyordur. Bir başka ifadeyle, günahını İsa'dan daha değerli görüyordur.

Bir kilise aforoz işlemine geçmeden önce bu üç niteliğin de mevcut olması gerekir.

İSA VE PAVLUS NEDEN FARKLI YAKLAŞIMLAR GÖSTERİYOR?

Disiplin vermenin *zamanı* konusunda bahsetmemiz gereken bir karmaşık mesele daha var ve eğer dikkatli olmazsak, çığ gibi bir karmaşaya yol açabilir. Pavlus'un 1. Korintliler 5'teki yaklaşımı neden İsa'nın Matta 18'deki yaklaşımından farklı görünmektedir?

1. Korintliler 5'ten hatırlıyoruz ki, Pavlus kiliseyi, günaha tolerans gösterdikleri için azarlamaktadır: Üstelik putperestler arasında bile rastlanmayan türden bir fuhuş! Biri babasının karısını almış" (1.Ko. 5:1). Kiliseye, tövbe edip etmeyeceğini görmek için bu adamı uyarmalarını söylemiyor. Sadece adamı aralarından "atmalarını" söylüyor (2. ayet). Tövbenin nabzı yoklanmıyor. Adamla ihtiyarlar arasında bir konuşma yapılmıyor. Sadece hemen harekete geçme çağrısı yapılıyor: "Kötü adamı aranızdan kovun!" (13. ayet). Ancak diğer yanda İsa, kiliselere aforoza yönelmeden önce, her biri bir çıkış şeridi niteliğinde birkaç uyarıda bulunmalarını öğütlüyor.

Bu farklı yaklaşımları açıklamaya çalışırken, İsa ve Pavlus'un bunları söylerken akıllarında farklı günahların olduğunu söylemeye aceleyle meyledebiliriz. Yani, söz konusu günahın türüne göre bu iki süreçten birini seçmemiz gerekir. İsa sıradan ve kişisel bir günahı örnek olarak kullanırken, Pavlus çok ağır bir günah hakkında konuşuyor. Biz de aynı şekilde daha küçük günahlar için ilk süreci uygularken, daha ağır şeyler için ikincisini uygulayabiliriz.

On sekizinci ve on dokuzuncu yüzyılda kilise disiplini hakkında yazan yazarlar bazen bu yönü tercih etmişlerdir. 1. Korintliler 5'ten iki sonuç çıkarmışlardır: İlk olarak, bu günah herkes için skandal niteliğinde bir şeydi ("putperestler arasında bile rastlanmayan"); ikinci olarak, Pavlus'un derhal harekete geçme çağrısı yapması (uyarıda bulunulmadan), günah skandal niteliğinde olduğu için kısa vadede adamın tövbe edip etmemesiyle ilgilenmediğini gösterir. İsa'nın itibarı daha değerliydi ve bu yüzden de günahkâr tövbe etse bile, kilisenin, Mesih'in itibarını korumak için derhal harekete geçmesi gerekiyordu.

Mesih'in itibarı konusunu elbette oldukça önemsiyorum. Nitekim disipline olan yaklaşımımdaki çerçevem başlı başına bunu gösteriyordur. Ama bu tarihsel açıklamayı birkaç sebepten dolayı ikna edici bulmuyorum. Öncelikle, aforoz edip etmeme kararını dünyasal ölçülere göre veriyor ve bu ölçüler kutsal değildir ve sürekli değişir. Bir toplumda skandal olan şey öteki toplumda onurlandırılabilir (kürtaj ya da eşcinsellik gibi). Ayrıca kilisenin tövbekârlığına inandığı insanları aforoz etmek demek, Hristiyanları Şeytan'ın egemenliğine teslim etmek demektir. Bu, Hristiyan kişinin gözünde adaletsiz ve dünyanın gözünde ikiyüzlü olmaz mı? Kiliseler Hristiyan olduğuna inandıkları insanları aforoz etmemelidirler. Bunu yapmak özünde yasacılık olur çünkü kilise üyeliği için gerekli ölçütün "tövbe ve imanla Mesih'e dönmek" değil, "tövbe ve imanla Mesih'e döndükten sonra x günahını asla işlememek" olduğunu ifade eder.

Disiplin Ne Zaman Gereklidir?

Pavlus'un 1. Korintliler'deki yaklaşımı elbette Matta 18'de açıkça gösterilmeyen bir seçeneği tercih ediyor: hemen aforoz etme. Bu aslında bizim de "gerçekten büyük" günahlar için sıklıkla kullanacağımız bir yol olacaktır. Ama esasen günahın "ağırlığına" odaklanmamamız gerektiğini hatırlamalıyız. Unutmayın, aforoz kararına geçmek, her zaman günah ve kişinin genel tövbekârlık tavrı arasındaki dinamiğe göre olur. İhtiyacımız olan şey bir günah cetveli değil, bir günah-tövbe dengesidir. Sonuçta tövbekâr Hristiyanlar da günah işlerler. Bu yüzden, soru her zaman şu olmalıdır: Bu günahla ilgili hangi soru işareti, kişinin bu günaha ve genel anlamda diğer günahlara ilişkin tövbekârlığını şüpheye düşürüyor? Bu soruyu cevaplamak için her zaman pastörel ve durumsal hassasiyetle dengenin iki tarafında da bakmak gerekir.

Hemen aforoz etmek için gerekli ölçütler nelerdir? 1. Korintliler 5 ve 6'nın detaylıca değerlendirilmesi, bunun cevabını bulmamıza yardımcı olur. Şu metinleri ele alalım:

5:1-2 Aranızda fuhuş olduğu söyleniyor, üstelik putperestler arasında bile rastlanmayan türden bir fuhuş! Biri babasının karısını almış. Siz hâlâ böbürleniyorsunuz! Oysa yas tutup bu işi yapanı aranızdan atmanız gerekmez miydi?

5:4-5 Rabbimiz İsa'nın gücüyle toplandığınız zaman, bedeninin yok olması için bu adamı Şeytan'a teslim edin.

63

5:9-11 Mektubumda size fuhuş yapanlarla arkadaşlık etmemenizi yazdım. Kuşkusuz dünyadaki ahlaksızları, açgözlüleri, soyguncuları ya da putperestleri demek istemedim. Öyle olsaydı, dünyadan ayrılmak zorunda kalırdınız! Ama şimdi size şunu yazıyorum: Kardeş diye bilinirken fuhuş yapan, açgözlü, putperest, sövücü, ayyaş ya da soyguncu olanla arkadaşlık etmeyin, böyle biriyle yemek bile yemeyin.

5:12 Sizin de yargılamanız gereken kişiler topluluğun içindekiler değil mi?

5:13 Kötü adamı aranızdan kovun.

6:9-11 Günahkârların Tanrı Egemenliği›ni miras almayacağını bilmiyor musunuz? Aldanmayın! Ne fuhuş yapanlar Tanrı›nın Egemenliği›ni miras alacaktır, ne puta tapanlar, ne zina edenler, ne oğlanlar, ne oğlancılar, ne hırsızlar, ne açgözlüler, ne ayyaşlar, ne sövücüler, ne de soyguncular. Bazılarınız böyleydiniz; ama yıkandınız, kutsal kılındınız, Rab İsa Mesih adıyla ve Tanrımız›ın Ruhu aracılığıyla aklandınız.

5:1'de bahsi geçen günah gerçekten de "topluluk önünde skandal niteliğinde" ya da "gerçekten kötü" olabilir ama mesele bu değildir. Pavlus bundan ziyade bu metinlerde iki insan kategorisini işaret ediyor: tövbekâr karakterde olanlar ve öyle olmayanlar. Tövbekâr bir karakter gösteren kişi kilisenin bir parçasıyken, tövbekâr olmayan bir karakter gösteren kişi değildir çünkü Tanrı'nın egemenliğini miras almayacaktır.

Yukarıdaki metinlerin biraz öncesine baktığımızda bunu görmek daha da kolay olur. Sonuncusu açıkça iki kategoriyi gösterir: Tanrı'nın egemenliğini miras almayacak olan "günahkârlar" ve "bazılarınız böyleydiniz" denen değişmiş insanlardan oluşan kilise. Günahkârlarla ilgili olarak Pavlus belli günahları sayıyor ve karakteri bu günahlarla *tanımlanan* kişileri tarif ediyor. Onları ifade etmek için sıfatlar değil, isimler kullanıyor: "zina edenler", "açgözlüler", "putperestler", "sövücüler", "ayyaşlar", "soyguncular" gibi (1.Ko. 6:9-11). Bu günahlar bu insanların *karakteri* olmuştur. *Kim* olduklarını tanımlarlar. Aynı karakterleşme durumu 5. bölümün son cümlesinde de söz konusudur: "Kötü adamı aranızdan kovun" (5:13). Bu adam "kötü" olarak nitelendiriliyor. Böyle birisi, önceki ayette söylendiği üzere, kiliseye ait değildir (5:12).

Pavlus'un aynı tür günahkârları sıralayarak 5. ve 6. bölümlerde sunduğu listeleri birbirine bağlamak istediğini görmek zor değil: zina edenler, açgözlüler, putperestler, sövücüler, ayyaşlar ya da soyguncular (5:9-11). (Bu listenin tam liste olduğunu varsaymamalıyız. 6. bölüm birkaç kategori daha ekliyor. Bu sadece genel bir liste.) Bir kez daha belirtmek gerekirse kilise, tövbe etmeme tavrı artık karakter haline gelmiş kişilerle paydaşlık etmemelidir: "Mektubumda size fuhuş yapanlarla arkadaşlık etmemenizi yazdım" (9. ayet).

5. bölümde bahsedilen adam tam olarak böyledir; tövbe etmeme tavrı artık karakter haline gelmiştir. Bu yüzden be-

deninin (benliğinin) yok olması için Şeytan'a teslim edilmesi gerekiyor çünkü yaşamında gücü elinde tutan hâlâ bedendir (5:5). Kiliseyse onun davranışlarını ayıplamıyor, onaylıyordu (5:2). Oysa cinsel ahlaksızlık ettiği açıktı (5:1). Kısacası, Pavlus bu adamın atılmasını istiyor çünkü *tövbe etmemek onun karakteri olmuştur.* Görünüşe bakılırsa, bu adam Tanrı'nın egemenliğini miras almayacak ve bu yüzden kilisenin onu atması gerekiyor ki, ruhu uyarılsın ve kurtulsun. Pavlus bu adamla ilgili bizim bildiğimizden fazlasını biliyor muydu? Belki. Pavlus'un bu kişiyle ilgili bu sonuca *nasıl* vardığını tümüyle net olarak göremiyoruz ama yine de vardığı sonuç açıkça budur: O kişi Hristiyan değil. O "kötü" (5:13). O, "günahkârlar" kategorisine ait (6:9).

Bu noktada, İsa'nın Matta 18'deki yaklaşımıyla Pavlus'un 1.Korintliler 5'teki yaklaşımı arasındaki farkların daha açık bir şekilde görünmesi gerekiyor. Pavlus'un adam hakkındaki varsayımlarının *başladığı* yer, İsa'nın öğütlediği sürecin *bittiği* yerin hemen öncesi. Pavlus adamın tövbe etmemekte ısrarcı olduğu varsayımıyla başlıyor. İsa'nın öğütlediği süreçse, kişinin tövbe etmemekte ısrarcı olup olmadığını saptama amacına yönelik. Pavlus o durumda bunu zaten bariz bir şey olarak görüyor.

İki metin arasındaki bir başka farksa, adam hakkındaki bilginin ne kadar geniş bir çapta bilindiği ve onaylandığıyla ilgilidir. Matta 18'de kişinin günah işlediği düşünülüyor ama bu düşünceyi paylaşması gereken iki üç tanığa daha ihtiyaç var. Ondan sonra da tüm topluluğun onayı gerekiyor. 1.Korintliler 5'teyse tüm topluluk olanları biliyor. Bir kez daha belirtmek gerekirse, süreç Matta 18'deki bitiş çizgisinin hemen öncesinden başlıyor.

Dolayısıyla, kiliseler sıradan günahlar için Matta 18 modelini, gerçekten büyük günahlar içinse 1.Korintliler 5 modelini kullanmamalılar. Bundan ziyade, kiliseler her zaman "günah- tövbe" terazisine bakmalılar. Kişinin günahı çok büyük görünse bile, kilisenin hâlâ o kişinin tövbe etmeme tavrının karakterleşmiş olduğuna ikna olması gerekir. Günah açığa vurulduğu anda, kilise ikna olmamış olabilir. Üyeler biraz daha konuşma ve bir yaptırım ya da uyarıda bulunma ihtiyacı duyabilirler.

Bir kilise üyesinin 1.Korintliler 5 veya 6'da sıralanan günahlardan birinden suçlu bulunduğu, ancak kilisenin isabetli bir şekilde Matta 18 modelini kullanmaya karar verdiği durumları hayal etmek zor değildir. Örneğin, kilisenizdeki birinin birden fazla kez ayyaşlık ettiğini ya da çeşitli cinsel ahlaksızlıklarda bulunduğunu düşünün. Bazı durumlarda, aforoza yönelmeden önce, Matta 18'deki gibi bir dizi uyarıda bulunma fırsatının olacağına inanıyorum.

Peki Pavlus'un söylediği gibi, "putperestler arasında bile rastlanmayan bir günah" söz konusuysa? Adamın günahının topluluk önünde skandal olduğu reddedilemez ama bana öyle görünüyor ki, Pavlus'un sözleri sanki Korintliler'i uyandırmak için özellikle sertleştirilmiş bir uyarı ifadesi gibi. Çünkü açıkça görüyor olmaları gereken bir şeyi görmüyorlar. Pavlus'un sözleri, kilise üyeliği ve aforozla ilgili tüm kuralları değiştiren, tamamen ayrı bir günah kategorisi getiren bir teoloğun sözleri gibi değil. Eğer öyle olsaydı, böyle kısacık bir sözden daha fazlasını söylerdi diye tahmin ediyorum.

KİLİSE DİSİPLİNİ

TÖVBE BEYANININ GÜVENİLİR OLMAMASI

1.Korintliler 5'teki hikâyeyi kurmanın bir yolu daha var. Şüphesiz ki bazı günahlar açıkça kasıtlı (birden fazla kez işlenen taciz ya da cinayet suçları gibi) ya da iğrençtir (cinsel istismar ya da gasp gibi); bu yüzden de kısaca özür dilemek inandırıcı olmaz. Bu günahlar affedilemez değildir; ya da o kişinin hemen tövbekâr sayılması imkansız değildir. Ama kilisenin sorumlu bir şekilde bağışlamada bulunabilmesi için (bir örneği için bkz. Elç. 8:17-24), aradan biraz zaman geçmesi ve tövbenin meyvelerinin görülmesi gerekir. Bir üye alışkanlık haline getirdiği bir günahla kendi isteğiyle yaşarken, kilise onun sözlerine sorumlu bir şekilde inanamaz. Bazı günahlar adeta doğası itibariyle, kilisenin o kişinin tövbekârlığını onaylamaya devam etmesine "izin vermez." Bu yüzden, kilisenin bir süreliğine onayını geri çekmekten başka seçeneği kalmaz. Günah terazide ağır gelir ve tövbe kanıtları daha yukarıda kalır. Günahın kendisi çok fazla yalan içerdiğinden, tövbekârlığa yönelik tüm olumlu kanıtları da aşağıda kalır.

Bir Hristiyan'dan yapmasını gerçekten *beklemeyeceğimiz* bazı günahlar vardır. Bunları yapması, o kişinin muhtemelen artık Hristiyan olmadığı ya da en azından kilisenin güvenini tekrar kazanana kadar kilisenin onu Hristiyan olarak görmeyeceği anlamına gelir. Pavlus'un, babasının karısıyla yatan adamı bu şekilde görmüş olması muhtemeldir.

Yıllar önce düzenli olarak görüştüğüm bir genç adam vardı ve geçen sene, onun utanç verici bir suçtan dolayı tutuklandığını öğrendim. Yerel haberlere bile çıkmıştı. Bir yıldan fazladır gizlice bu suçu işliyor ve bu sırada kilisesinde aktif olarak görev yapmaya devam ediyormuş. Kilise adamın tutuklanmasıyla birlikte günahından haberdar olduğunda, onu üyelikten çıkarmakta hiç gecikmedi. Adam ağladı ve üzgün olduğunu söyledi ama çirkin bir ikili hayat yaşadığı için kilise onun tövbe sözlerine en azından o sırada güvenemedi. Tövbesinin geçerliliğini aforozdan önce değil, *sonra* sınamayı tercih etti. Kilisenin bu seçiminde isabetli olduğuna inanıyorum. Adamın eylemi hem diğer koyunlar için hem de Mesih'in dünyadaki tanıklığı için tehdit oluşturuyordu. Bu, daha acil tepki verilmesini gerektirmişti. Kilise ona derhal disiplin uygulayarak doğru olanı yaptı çünkü "günahkârlar Tanrı Egemenliği'ni miras almayacaktır" (1.Ko. 6:9).

Nihai olarak, Matta 18'i ve 1.Korintliler 5'i birlikte düşününce, kiliselerin harekete geçmeye karar verme zamanıyla ilgili en az üç sonuca varıyorum:

• Bir kilise birinin gerçekten tövbekâr olduğuna ikna olduğunda, herhangi bir disiplin uygulamamalıdır (ve bu ilke için herhangi bir istisna göremiyorum).

• Kilise, birinin tövbe etmeme tavrının artık karakter haline geldiğine (yani geçici bir durum olmadığına) ikna olursa, aforoz işlemini uygulamalıdır.

• Günah çok kasıtlıysa, iğrençse ve derin bir ikiyüzlülük içeriyorsa, bu yüzden topluluk bu kişinin tövbesine bile güvenemiyorsa, en azından aradan biraz zaman geçene ve güven tekrar kazanılana kadar, aforoz işlemi uygulanmalı ve tövbenin geçerliliği bundan sonra sınanmalıdır.

RUH PAKLIĞI YA DA YOKSULLUĞU

Eğer İsa'nın bir temsilcisinin İsa'yı doğru temsil edemediği durumlarda bir disiplin eylemi uygulanması gerekliyse, kiliseler ahlaki kusursuzluk mu beklemelidir? Bazı açılardan, İsa'nın ileri sürdüğü standart tam olarak budur. Matta 5'te, göksel egemenliğe girmek istiyorsa, bir Hristiyan'ın doğruluğunun din bilginlerinin ve Ferisiler'inkini geçmesi gerektiğini söyler (Mat. 5:20). Aynı bölümde daha sonra bir Hristiyan'ın kusursuz olması gerektiğini çünkü göksel Baba'nın kusursuz olduğunu söyler (48. ayet). Kiliseler gerçekten de İsa'nın kusursuzluğuna benzemeye çalışmalıdırlar!

Ama İsa aynı zamanda son derece gerçekçi ve anlayışlıydı. Matta 5 bu yüzden gerçek mutluluğu tarif eden "Ne Mutlular"la başlar:

Ne mutlu ruhta yoksul olanlara!
Çünkü Göklerin Egemenliği onlarındır.
Ne mutlu yaslı olanlara!
Çünkü onlar teselli edilecekler.
Ne mutlu yumuşak huylu olanlara!
Çünkü onlar yeryüzünü miras alacaklar.
Ne mutlu doğruluğa acıkıp susayanlara!
Çünkü onlar doyurulacaklar.
Ne mutlu merhametli olanlara!
Çünkü onlar merhamet bulacaklar.
Ne mutlu yüreği temiz olanlara!
Çünkü onlar Tanrı›yı görecekler.

Disiplin Ne Zaman Gereklidir?

Ne mutlu barışı sağlayanlara!

Çünkü onlara Tanrı oğulları denecek.

Ne mutlu doğruluk uğruna zulüm görenlere!

Çünkü Göklerin Egemenliği onlarındır.

(Mat. 5:3-10)

Yeryüzünde göksel egemenliği kim temsil eder? Tanrı'yı kim görecek ve kime Tanrı'nın oğulları denecek? Bir anlamda bu kişiler, oğulların genelde babalarından öğrendikleri gibi göksel Babaları'na bakan ve O'ndan öğrenenlerdir. Hem Baba Tanrı hem de Oğul Tanrı yumuşak huylu, yüreği temiz ve barışçıdır. Oğul Tanrı elbette doğruluk uğruna zulüm de görmüştür. Kiliseler de kimin oğul olduğunu doğrularken bu ölçütlere bakmalıdırlar.

Ama günaha düşmüş bir dünyada, Tanrı oğulları aynı zamanda ruhsal yoksulluğunu kabul eden, günahından ötürü yaslı olan, yumuşak huylulukla kendi isteklerinden vazgeçen, ondan mahrum olduğunu bilerek doğruluğa acıkıp susayanlardır. Bu yüzden kiliseler İsa'yı temsil eden üyeleri günah işlediklerinde şaşırmamalı, bunun yerine onların işledikleri günaha nasıl karşılık verdikleriyle derinden ilgilenmelidirler. Yas tutuyorlar mı? Doğruluğa acıkıp susuyorlar mı?

Bir başka deyişle, İsa'nın gerçek temsilcileri iki şey olmalıdırlar: (1) giderek daha pak *ve* (2) pak olmayıp yer etmeye devam eden şeylerle ilgili giderek ruhta daha yoksul (ayrıca bkz. 2.Ko. 7:11). Egemenliğin anahtarlarını elinde tutan kiliseler, ikisini de aramalıdırlar.

KİLİSE DİSİPLİNİ

Bir defasında zinaya doğru yaklaşan bir arkadaşıma (şükürler olsun ki gerçekleşmedi) nasıl karşılık vermem gerektiğiyle ilgili eski bir pastörümden tavsiye istemiştim. Pastörüm bana demişti ki: "Bu adamın bu günaha ayartılmış olması şaşırtıcı değil. Esas mesele, senin azarına nasıl karşılık vereceğidir. Düzeltmeye verdiği karşılık, yüreğinin gerçekte nerede olduğunu gösterecektir."

4

BİR KİLİSE, DİSİPLİNİ NASIL UYGULAR?

Resmi kilise disiplini, resmi olmayan birebir disiplinin kabul gördüğü ve uygulandığı bir kilise kültüründe en iyi sonucu verir. Üyeler daha genel olarak birbirlerine hesap verme ihtiyaçları olduğunu kabul etmiyorken, geniş, sert aforoz kılıcını sallamaya kalkışırsanız, kavgaya davetiye çıkarırsınız. Kilisenin içinde hesap verme sorumluluğunun olması, Müjde'nin gereğidir ve bu hesap verme sorumluluğu hem topluluk karşısında hem de birebir olarak kilise üyelerinin hepsinin yaşamında olmalıdır. Ama insanlar günahlarından sorumlu tutulmaya alışkın değillerse, başkalarının önünde yapmadan önce birebir hesap verme sorumluluğuyla başlamak elbette daha kolay olur.

Topluluk karşısında hesap verme sorumluluğu, kilise üyelerinin özel yaşamlarında zaten olan şeyin bir uzantısı olmalıdır.

Bir disiplin vakasını kilise önüne getirmek için diğer ihtiyarları ikna etmeye çalışan bir pastör arkadaşım vardı. Adam karısını terk etmişti. Ama ihtiyarlar, topluluğun birini

73

içinden atmaya hazır olup olmadığından emin değildi ve bu yüzden, yavaş ve belki de çok yavaş ilerliyorlardı. İhtiyarlar sonunda aforozu önerdiklerinde, topluluk şöyle karşılık verdi: "Zamanı geldi. Bu vakalarla ilgili bir şey yapmamız gerektiğini biliyorduk." Bir başka deyişle, ihtiyarlar kilise içerisinde disiplin uygulamaya uygun kültürü oluşturma işini başarmışlardı.

Resmi kilise disiplini, üyeler sevgiyle birbirini düzeltmeyi bildiklerinde en iyi sonucu verir. Bunu zaten kendi evlerinde yapıyorlardır. Öğle yemeğinde bile yapıyorlardır. Yumuşak bir şekilde, dikkatlice ve her zaman diğer kişinin iyiliğini düşünerek bunu yapıyorlardır. Düzeltici sözleri bencilce, sırf "söyleyip rahatlamak" için söylemiyorlardır.

Yeni Antlaşma'da gördüklerimize dayanarak, kilise disiplininin nasıl yürütüleceğiyle ilgili diğer beş ilke aşağıdadır.

SÜRECE MÜMKÜN OLDUĞUNCA AZ İNSAN DAHİL OLMALIDIR

Matta 18:15-20'de açıkça gördüğümüz ilke, İsa'nın tövbeyi sağlamak için günahı düzeltme sürecine sadece gerekli sayıda insanın dahil olmasını öğütlemesidir. Eğer birebir konuşmak tövbeyi sağladıysa, güzel. Eğer iki ya da üç kişi gerekliyse, gereken yapılmalı. Ama bir konunun tüm topluluğun önüne getirilmesi için, önce diğer tüm seçenekler denenmiş ve başarı sağlanamamış olmalıdır.

Matta 18 modeli, elbette bütün topluluğun söz konusu günahı halihazırda bilmediğini varsayıyor. 1.Korintliler 5'teki gibi zaten herkesin duyduğu günahlar, kilise önderlerinin bütün topluluğa bir açıklama yapmasını gerektirebilir. Filipililer 4'teki benzer bir durumda Pavlus, tüm topluluğun önünde Evodiya ve Sintihi'den aynı düşüncede olmalarını istiyor (Flp. 4:2-3). Yani muhtemelen, kilise bu anlaşmazlıktan zaten haberdardı.

Bazen bir günahın tüm topluluğu etkileyebilecek sonuçları olabilir ve bu durumda, söz konusu kişi birebir görüşmede tövbe etmiş olsa bile, tüm topluluğun önünde açıklama yapılması gerekebilir. Örneğin, bir kadının evlilik dışı hamile kalması böyle bir durum olabilir. Kilise önderleri onun ve partnerinin (eğer o da kilisedeyse) tövbesinin dürüst olduğuna karar verebilir ve bu yüzden resmi disiplin uygulamayabilir. Ama yine de uygun bir şekilde kiliseyi konudan haberdar edebilirler çünkü bu sayede (1) bu çiftin örneği karşısında Hristiyanlığın cinselliğe bakışını olumlu bir dille öğretebilirler ve (2) önderler çiftin tövbesi aracılığıyla Tanrı'nın lütfuna tanıklık ederken, kiliseyi bu çifti ve çocuklarını kabul edip onlara hizmet etmeye çağırabilirler. Bundan hoşlansanız da hoşlanmasanız da, böyle bir durumda hiçbir şey söylememek, kiliseye bu günahın önemli bir şey olmadığı mesajını verir ve ayrıca topluluğa bu çift hakkında tahminlerde bulunma ve dedikodu yapma fırsatı bırakır. Hiçbir açıklama yapmamak güvensizlik ve ayrılığa bile yol açabilir.

Disiplin sürecine mümkün olduğunca az kişiyi dahil etme ilkesinin iki yönlü amacı, günahkârın tövbe etmesini sağlama arzusu ve İsa'nın adını koruma arzusudur.

SÜRECİ KİLİSE ÖNDERLERİ YÖNETMELİDİR

Günah aldatıcı ve karmaşıktır. Dolayısıyla, Pavlus şu sözleri sebepsiz yere sarf etmemiştir: "Kardeşler, eğer biri suç işlerken yakalanırsa, ruhsal olan sizler, böyle birini yumuşak ruhla yola getirin. Siz de ayartılmamak için kendinizi kollayın" (Gal. 6:1). Pavlus genç koyunların günahkârların günahına eşlik etme veya en azından günahkârın, günahının neden sakıncasız olduğuyla ilgili söylediklerine ikna olma konusunda kolayca aldatılıp ayartılabileceğini biliyordu. Bu yüzden kurtarma sorumluluğunu "ruhsal" kişilere vermektedir.

Pavlus "ruhsal" derken sadece kilise ihtiyarlarını kastetmez. Öyle olsaydı, doğrudan "ihtiyarlar" derdi. Kastettiği şey, birebir konuşmaların sonuç vermediği yerde, üyelerin imanda daha tecrübeli ve bilge olan kardeşlerine yönelmelerinin iyi olacağıdır. Genel konuşacak olursak, özellikle de sürece daha fazla kişinin dahil edilmesi gerektiğinde, disiplin sürecini yürütmeleri istenecek kişiler muhtemelen kilise ihtiyarları olacaktır.

Tanrı tüm kilisenin gözetimini ihtiyarlara verdiğinden, bir günahın tüm topluluğun önüne getirilmeden önce kesinlikle ihtiyarlara götürülmesini tavsiye ederim.

SÜRECİN UZUNLUĞU, TÖVBE ETMEME TAVRININ NE KADAR KARAKTERLEŞMİŞ OLDUĞUNA BAĞLIDIR

Disiplin uygulamayla ilgili zor sorulardan biri kesinlikle şu olmalıdır: Sonraki aşamaya geçmek için uygun zaman şimdi mi? Kutsal Yazılar bazen Matta 18'de olduğu gibi, disiplin sürecini yavaş ilerleyen bir şey olarak sunar. Burada, birinin topluluktan çıkarılması için en az üç uyarı yapılması gerektiğine işaret edilir. Bazen de süreç 1.Korintliler 5'te olduğu gibidir. Pavlus derhal topluluktan çıkarma çağrısı yapmıştır.

Titus 3:10'daysa, bu ikisinin arasında gibi görünen bir durum vardır. Topluluktan çıkarmadan önce iki kez uyarı çağrısı yapılır.

3. bölümde gördüğümüz gibi, Matta 18 ile 1.Korintliler 5 arasındaki en önemli fark, aforoz sürecinin farklı aşamalarını temsil etmeleridir. 1.Korintliler 5, Matta 18'in bittiği yerden başlar; tüm kilisenin bildiği bir günahtan ya da günah alışkanlığından tövbe edilmemesi, karakterleşmiş durumdadır. Kilise birinin tövbe etmeme tavrının karakterleşmiş olduğuna karar verdiğinde, onu aforoz işlemi izlemelidir.

Bu yüzden, teorik olarak disiplin sürecinin uzunluğunu tanımlamak kolaydır: kilisenin kişinin tövbe etmeme tavrının karakterleşmiş olduğu sonucuna varması ne kadar zaman alıyorsa. Kilise üyeleri kanıtlara bakabilir ve bir dakika içinde sonuca varabilir. Ya da kanıtları detaylı olarak incelemek için aylar harcayabilir, kesin bir hüküm vermek ve ortak bir düşünceye ulaşmak için sayısız konuşma yapılabilir. "Ne kadar sürer?" sorusu teorik sebeplerden dolayı zor değildir, gerçek yaşamdaki sebeplerden dolayı zordur. İnsanların yüreklerinin içini göremeyiz. Gördüğümüz meyveleri incelemeye ve kilisenin, birisinin Tanrı'nın egemenliğine ait olduğunu onaylamaya devam edip edemeyeceği gibi önemli bir konuda karar vermeye çağırıldığımızda, son derece dikkatli olma gerekliliğinin yükünü hissederiz.

İronik bir şekilde, orta kilodaki günahlar terazide tövbenin karşısında pek ağır gelmeyeceğinden, süreç daha çok yavaşlayabilir. Örneğin, madde bağımlılığını düşünelim. Bu, bir kişinin iman beyanını anında geçersiz kılmaz. Ama aslında bir soru işareti uyandırır ve kilisenin yavaş, dikkatli bir tövbe sınaması süreci yürütmesini gerektirir. Bu, İsa'nın

Matta 18'de sunduğu giderek genişleyen grup modelinden öğrenebileceğimiz bir başka derstir. Sürece dahil edilen kişi sayısının arttırıldığı her seferinde, günahkâra bir kez daha şu soru sorulur: "Bu günahına hâlâ devam etmek istediğine *emin* misin?" İnsanlar bazen kendilerini kandırarak *hem* İsa'yı *hem de* en sevdikleri günahı yaşamlarında tutabileceklerine inanırlar. "Hayır, bu olmaz. Ya biri ya öteki." diyerek gerçeğin farkına varmalarını sağlamak için, birkaç rauntluk artan bir yüzleştirme gerekebilir.

İsa Matta 18'deki kilise disipliniyle ilgili talimatlarından birkaç ayet önce, bir kişinin tövbekâr karakterde olup olmadığını anlamamız için bize yardımcı oluyor: Kişi günahı tekrarlamaktansa elinin kesilmesine ya da gözünün çıkarılmasına razı mı (Mat. 18:8-9)? Yani, günaha karşı koymak için gereken her şeyi yapmaya istekli mi? Tövbe eden insanlar doğal olarak günahlarını terk etmeye isteklidirler. İçlerindeki Tanrı Ruhu onlara bunu yaptırır. Bu yüzden kişinin dışarıdan gelen bir öğüdü kabul etmeye de razı olması beklenir. Bu uğurda düzeninin bozulmasına razı olması beklenir. Utanç verici şeyleri itiraf etmeye razı olması beklenir. Finansal fedakârlıklarda bulunmaya, arkadaş kaybetmeye ya da ilişkiler bitirmeye razı olması beklenir.

Diğer yandan, günah ya da devam eden günah kalıbı ne kadar büyük ya da utanç vericiyse, terazide tövbeye karşı o kadar ağır gelir.[2] Kişinin iman beyanının güvenilirliğini hızlıca zedeler ve kiliseyi daha hızlı harekete geçmeye yönelte-

---

2 "Daha büyük" günah nedir? Günahkârı, kiliseyi, Mesih'in itibarını veya genel olarak diğer insanları daha hızlı ve daha gözle görülür şekilde mahveden bir günahtır. Örneğin, yolsuzluk sıradan bir hırsızlıktan ve cinayetten de yolsuzluktan daha büyük zarar verir.

bilir. Örneğin, birinin zina alışkanlığının olduğunu keşfetmekle alkolik olduğunu keşfetmek arasında bir fark vardır. İki günah da kişinin iman beyanının güvenilirliğini zedelerken, ilk günahın bunu ikincisine kıyasla daha hızlı yapacağını iddia edebilirim.

Genelde, daha büyük günahlara eşlik eden bir tür tehlike de söz konusudur ve bu yüzden, onu daha acil harekete geçilmesi gereken bir durum haline getirir. Açık bir skandal tehlikesi vardır ve bu, Mesih'in itibarına leke sürebilir (1.Korintliler 5). Kilisede bölünme tehlikesi vardır ve bu, kiliseye zarar verebilir (Titus 3:10). Yanlış öğreti tehlikesi vardır ve bu, özellikle de daha zayıf olan koyunlara zarar verebilir (bkz. 1.Ti. 1:20; 2.Yu. 10-11). Kilise sadece tehlikeler nedeniyle aforoza yönelmemelidir ama tehlikenin varlığı, günahın ciddiyetini ve kilisenin neden o kişinin iman beyanını artık doğrulamaması gerektiğini gösterir. Yani, tehlikenin varlığı (Mesih'in itibarına yönelik zarar; bölünme ya da yanlış öğreti tehdidi, diğer koyunların zarar görebilecek olması) disiplinin *nedeni* olarak görülmemeli, derhal bir disiplin eyleminin uygulanmasının isabetli olacağını onaylayan bir *tanıklık* olarak görülmelidir. Ayrıca kiliseyi daha hızlı hareket etmeye çağırmalıdır çünkü gerekli toplantıların yapılması ve adımların atılması sürecinin daha hızlı yürümesi gereklidir.

Kısacası, sürecin uzunluğu, tamamen ilgili tarafları kişinin tövbekâr bir tavırda olup olmadığına ikna etmenin ne kadar süreceğine bağlıdır. Kilise terazinin bir tarafında günahın niteliğini, diğer taraftaysa tövbe kanıtlarını tartmalıdır. Bazen yeni bir bilgi ortaya çıkınca terazinin taraflarından biri diğerinden daha ağır gelebilir. Ama kilise terazinin her iki tarafı için de gerekli tüm bilgileri topladığından eminse ve terazinin iki tarafı da artık kımıldamaz olduysa, ağır gelen tarafa göre harekete geçme zamanı gelmiştir. Bu süreç bir dakika ya da bir yıl sürebilir.

SUÇU KESİNLEŞMEYEN KİŞİ SUÇLU SAYILMAMALIDIR

Daha önce de belirttiğimiz gibi, İsa Matta 18'de titiz bir yargılama sürecini tarif etmektedir: "söylenen her şey iki ya da üç tanığın sözüyle doğrulansın" (16. ayet). Hükümlerin doğrulanması gereklidir. Kanıtların sunulması gereklidir. Tanıkların dinlenmesi gereklidir. Bunun anlamı, Hristiyanların yavaşça ve dikkatlice hareket etmeleri gerektiğidir. Aynı zamanda kiliseler disiplin vakalarında, mahkemelerdeki gibi "suçu kanıtlanana kadar masumdur" ilkesini gözetmelidirler.

Bu ilke sadece resmi disiplin vakalarında uygulanmaz, aynı zamanda bir Hristiyan'ın kardeşiyle birebir nasıl konuşması gerektiğini de belirler. Suçu henüz kesinleşmemiş kişiler suçlu sayılmamalıdırlar. Suçlamalardan önce sorular sorulmalıdır. Kesin ifadeler kullanılmadan önce durum netleştirilmeye çalışılmalıdır.

Disiplin konusunda, hayattaki her konuda olduğu gibi, "Herkes dinlemekte çabuk, konuşmakta yavaş, öfkelenmekte de yavaş olsun" (Yak. 1:19).

ÖNDERLER TOPLULUĞU SÜRECE DAHİL ETMELİ VE BİLGİLENDİRMELİDİR

Farklı mezhepsel geleneklerin resmi disiplin sürecine bütün topluluğu dahil etme konusunda farklı yöntemleri vardır. Ben şahsen topluluğu, bir Kutsal Kitap ilkesi olarak Matta 18

(İsa'nın "topluluğun önüne" getirmekle ilgili söyledikleri) ve 1.Korintliler 5 (Pavlus'un tüm topluluğa sorumluluk almasını buyurması) usulüne göre dahil etmeyi tavsiye ederim. Ama bu yorumbilimsel çıkarımı yeterince ikna edici bulmayanlara, topluluğu bir teolojik ve pastörel gereklilik olarak dahil etme yolları bulmalarını tavsiye ederim. Teolojik açıdan, Pavlus topluluk bedeninin her bir üyesine, diğer üyeler ister sevinç ister yas dolu olsun, onlarla empati kurmasını ve onları sahiplenmesini söyler (1.Ko. 12:21-26; bkz. Ef. 4:16). Kilise disiplini, özellikle de son aşamaları, topluluk bedeninin yaşamında son derece önemli bir olaydır. Bu yüzden, Mesih'te paylaştığımız birlik itibariyle, her üye bu olayı *sahiplenir*. Pastörel açıdan da bedenin her üyesinin sahiplenmesi *gereken* önemli bir olaydır. Böylece herkes öğrenir. Herkes uyarılır ve herkese meydan okunur. Herkesin sürece katkıda bulunacak bir şeyi olabilir.

Topluluçu bir yönetim şeklinde, kiliseden nihai aforoz kararını oylaması (bazı bağlamlarda) ya da bu yönde uzlaşı sağlaması (diğer bağlamlarda) istenir. Bunun Kutsal Yazılar'da örneğini görebiliriz. 2.Korintliler 2:6'daki "çoğunluk" sözcüğüne dikkat edin.

Başka yönetim şekillerinde, topluluktan bir kişiyi atmaya yönelik son kararı vermeleri istenmeyebilir ama her türlü düzende (bence) kilise önderleri topluluğu en az dört başka yoldan sürece dahil etmelidirler. İlk olarak, kilise önderleri birini topluluktan atmadan önce vakayı "topluluğun önüne" getirmelidirler (Mat. 18:17). Söz konusu kişinin derhal atılmasını gerektiren bir durum olmadığını varsayarak, İsa durumu kiliseye bildirmekle kişiyi resmen topluluktan atmak arasında biraz zaman geçeceğini düşünmüş gibidir: "Onları da dinlemezse, durumu inanlılar topluluğuna bildir. Topluluğu da dinlemezse..." Yani muhtemelen bu adım, tövbe etmeyen kişiyle halihazırda bir ilişkisi olan kilise üyelerine o kişinin tövbesini sınama fırsatı sunar. Ayrıca, eğer gerçekleşecekse, topluluğu nihai atma eylemine hazırlamış olur. Onlara son karar verilmeden önce harekete geçme ve sorular sorma fırsatı verir.

İkinci olarak, kilise önderleri birine disiplin uygulamadan önce bunu kiliseye bildirmelidirler (eğer kiliseyi karar sürecine dahil etmemişlerse ki, bence etmeliler). Topluluğun, kişinin atılması kararıyla ilgili (eğer sürece dahil edilmemişlerse) bilgilendirilmesi gerekir. Kutsal Yazılar Hristiyanların, atılan kişilerle olan ilişkilerinin belirgin biçimde değişmesi gerektiğini söyler (sonraki paragrafta detaylı olarak bahsedeceğim); bu yüzden, imanlıların kişinin atılmasından haberdar edilmeleri gerekir.

Üçüncü olarak, kilise önderleri topluluğa potansiyel ya da gerçek aforoz kararlarını nasıl görmeleri gerektiğini öğretmeli ve onlara bu konuda çobanlık yapmalıdırlar. Genç Hristiyanlar genelde naif ve yanlış sempatiler duyabilirler (Tanrı bazen İsrail halkı için böyle demiştir). Önderler onlara ilgili ayetleri açıklayarak ve kırık kalpli, gerçeği seven bir şefkatin nasıl göründüğünün örneğini göstererek, tökezlememeleri için onlara yardımcı olmalıdırlar.

Bu bakımdan, önderlerin aynı zamanda üyelere, topluluktan çıkarılan biriyle nasıl iletişim kuracaklarını da öğretmeleri gerekir. Yeni Antlaşma bu konuya birçok yerde değinir (1.Ko. 5:9, 11; 2.Se. 3:6, 14-15; 2.Ti. 3:5; Tit. 3:10; 2.Yu. 10). Benim kilisemde ihtiyarların verdiği temel öğüt, disiplin uygulanmış kişiyle olan ilişkimizin görüntüsünün fark edilir bir şekilde değişmesi gerektiğidir. Etkileşimler gelişigüzel sohbetler değil, tövbe hakkındaki bilinçli konuşmalar olmalıdır. Aile üyeleri elbette ailesel sorumluluklarını yerine getirmeye devam etmelidirler (bkz. Ef. 6:1-3; 1.Ti. 5:8; 1.Pe. 3:1-2).

Dördüncü olarak, önderler toplulukları dua etmeye ve tövbe umudu taşımaya, günahkârla barışıp onu tekrar kabul etmeye hazır olmaya yöneltmelidirler. Böyle önderlik de titiz öğretiş ve kişisel örnek aracılığıyla olur. Hem önderlerin hem de bütünüyle kilisenin kalbinin kırık olduğuna ve hiçbir şeyi, uzaklaştırılan üyeyle tekrar barışmaktan daha fazla istemediklerine dair hiçbir şüphe olmamalıdır.

BİR KİLİSENİN YAKLAŞIMI

Okuyucular, kilise disiplinine olan yaklaşımı adım adım bir kılavuz olarak sunmadığımı fark etmiştir. Bunun bir sebebi, Kutsal Yazılar'ın resmi disiplin yaklaşımı için tercih edilebilecek birden fazla yol sunmasıdır. Bir başka sebebi, farklı yönetim şekillerinin farklı adımlar gerektirmesidir. Diğer bir sebebiyse, kilise önderlerinin Kutsal Yazılar'ın hangi ilkelerinin alakalı ve uygulanabilir olduğunu ayırt etmek için bilgelik göstermelerinin gerekmesidir.

Ama kendi kilisemde bu sürecin genelde nasıl işlediğini açıklayayım. Genelde Matta 18'de verilen modeli izleriz. İnsanlara konuyu önce özelde, birebir konuşarak başlamaları öğretilir. Eğer bu tövbeyi sağlamazsa, bir ihtiyar ya da ihtiyarlar önce bireysel olarak, sonra da grupça sürece dahil olur. Bazen suçlu taraf ihtiyarlarla grup halinde de konuşabilir ama genelde bunu yapmaya pek istekli olmaz. İhtiyarlar sonrasında birkaç gün ila birkaç ay arası bir süre boyunca, konuyu topluluğun önüne getirip getirmemeyi görüşürler. Eğer topluluğun önüne getirmeye karar verirlerse, ilgili bilgileri sadece üyelerin katıldığı özel bir toplantıda paylaşırlar. Kişinin adını ve günahın kategorisini sunar ama fazla detay vermezler. İhtiyarlar bu kişinin tövbe etmesini sağlamakla alakalı diğer konuları da açıklarlar ve topluluğa, dua ederek üyeyi tövbe etmeye yöneltmeyi öğütlerler. Eğer bu durumla ilgili hiçbir şey değişmezse, ihtiyarların sonraki üye toplantısında (genelde iki ay sonra olur) muhtemelen aforozu görüşeceği açıklanır. Sonra ihtiyarlar üyelerin sorularını yanıtlarlar. Sonraki üye toplantısı yapılırsa ve ihtiyarlar kişiyi topluluktan atma yönünde ilerlemeye devam ederlerse, aforozu tavsiye ederler, sorusu olanların sorularını dinlerler ve üyeler arasında oylamaya geçilir. Eğer üyeler kişinin aforoz edilmesi yönünde oy kullanırlarsa, ihtiyarlar topluluğa artık "eski üye" olan bu kişiyle nasıl iletişim kurulacağını açıklarlar.

Süreç tamamen böyle görünse de görünmese de, her zaman şu ilkeleri uygulamaya çalışırız:

1. Tövbeyle sonuçlanmasının kolaylaşması için, sürece mümkün olduğunca az kişinin dahil olması gerekir.

2. Sürece dahil olanlar bir ya da daha fazla kişiyi geçtiğinde, süreci kilise önderleri yönetmelidir.

3. Sürecin uzunluğu, kişinin tövbe etmeme tavrının artık karakterleşmiş olduğuna ne zaman karar verileceğine bağlıdır.

4. Kanıtlar aksini gösterene kadar, kişi suçsuz sayılmalıdır.

5. Önderler uygun bir şekilde topluluğu sürece dahil etmeli ve onlara sonraki adımları açıklamalıdırlar.

5

GERİ DÖNDÜRME SÜRECİ NASIL İŞLER?

Eğer resmi kilise disiplini kilise üyeliğinden ve Rab'bin Sofrası'ndan uzaklaştırmak anlamına geliyorsa, geri döndürme ne anlama gelir? Ne zaman gerçekleşir? Şimdi bu iki soruyu ele alalım: ne ve ne zaman.

GERİ DÖNDÜRME NEDİR?

Bir kişinin kiliseden aforoz edildikten sonra geri döndürülmesi demek, kilisenin o kişiyi affetmesi ve Tanrı'nın egemenliğindeki yerini tekrar onaylaması demektir.

Pavlus Korint kilisesine yazdığı ikinci mektupta, kilise disipliniyle alakalı bir başka vakadan bahsediyor ama bu kez geri döndürmenin nasıl bir şey olduğunu anlatıyor. Günahla ilgili detaylar verilmese de, barıştırma şöyle tarif ediliyor:

> Böyle birine çoğunluğun verdiği bu ceza yeterlidir. Aşırı kedere boğulmasın diye o kişiyi daha fazla cezalandırmayıp bağışlamalı ve teselli etmelisiniz. Bunun için ona duyduğunuz sevgiyi yenilemenizi rica ederim. (2.Ko. 2:6-8)

Geri Döndürme Süreci Nasıl İşler?

Topluluğun büyük çoğunluğu, kasıtlı olarak bu kişinin cezalandırılmasını onaylamıştı (belki de oylamıştı?). Pavlus şimdi onlara bağışlamalarını, teselli etmelerini ve o kişiye olan sevgilerini yenilemelerini söylüyordu.

Bir kişiyi topluluk olarak bağışlamak aynı zamanda İsa'nın Yuhanna Müjdesi'nde söylediklerini anımsatır. Bunlar, Matta Müjdesi'nde açıkladığı önemli noktalarla paraleldir: "Kimin günahlarını bağışlarsanız, bağışlanmış olur; kimin günahlarını bağışlamazsanız, bağışlanmamış kalır" (Yu. 20:23). Bunları söylemesinin üstünden çok geçmeden, İsa Petrus'u geri döndürmüştü (Yu. 21:15-17).

Kilise tövbe eden birini geri döndürüp paydaşlığına ve Rab'bin Sofrası'na yeniden kabul ettiğinde, bir deneme süreci ya da ikinci sınıf vatandaşlık gibi bir şey söz konusu olmamalıdır. Bundan ziyade kilise, bağışlayışını herkesin önünde duyurmalı (Yu. 20:23), tövbe eden kişiye olan sevgisini doğrulamalı (2.Ko. 2:8) ve tıpkı Kaybolan Oğul'un babası gibi bu dönüşü kutlamalıdır (Lu. 15:24).

Benim kilisem bir defasında derin ve tövbe edilmemiş bir yalanlar dizisini içeren karmaşık bir durumdan ötürü birisini aforoz etmişti. Şükürler olsun ki, sonunda bu kişi tövbe etti ve kilise, bağışlayışını duyurarak onun paydaşlığa yeniden kabul edildiğini doğruladı. İhtiyarların kilisenin önüne getirdiği önerge şuydu:

Önerge: İhtiyarlar olarak mutlulukla; üyelerin kardeşimizin tövbesini Tanrı'ya şükranla kabul etmelerini, kendisini bize yönelik davranışlarından ötürü bağışladığımızı ona resmi olarak bildirmemizi ve Mesih'teki kardeşimiz olarak kendisiyle olan paydaşlığımızı ve kendisine olan sevgimizi topluluk önünde yenilememizi salık veriyoruz. Ayrıca tüm bunları yaparken, kendi Sözü'ne ve bu Söz'ü itaatle onurlandıranlara gösterdiği sadakati için Tanrı'ya büyük bir şükran duyuyoruz.

Kilise oybirliğiyle bu önergeyi onayladı. Bu bir sevinç zamanı oldu.

Geri döndürme, kişinin kilise üyeliğine tekrar alınması mı demektir? Birçok durumda buna "evet" diyebilirim. Geri döndürme için gerekli olan tövbe, diğer şeylerle birlikte, kişinin tekrar kilisenin bir parçası olmayı ve gözetimine teslim olmayı istediğini gösterir. Ama nihai olarak, geri döndürmenin vaftize benzediğine inanıyorum. Vaftiz genelde kilise üyeliğine katılma anlamına gelir ama böyle olmak zorunda değildir (Elç. 8:38-39). Aynı şekilde geri döndürme de kilise üyeliğine katılma anlamına gelir ama böyle olmak zorunda değildir. Verdiğim örnekteki kişi, kilise yukarıdaki önergeyi oyladığında başka bir ülkede yaşıyordu. Kiliseye e-posta göndermiş, günahını itiraf etmiş ve bu ilişkiyi önceki haline döndürmek için ne yapabileceğini sormuştu. Birkaç yazışmadan sonra, konuyu sonuçlandırması için bu önergede karar kılınmıştı.

GERİ DÖNDÜRME NE ZAMAN GERÇEKLEŞMELİDİR?

Kiliseye geri döndürme ne zaman gerçekleşmelidir? Bunun basit cevabı, "günahkâr tövbe ettiğinde ve kilise üyeleri kişinin yaşamında bunun meyvelerini gördüğü için tövbenin

Geri Döndürme Süreci Nasıl İşler?

gerçekliğine ikna olduğunda"dır. Geri döndürme, kilise bir kez daha ulusların önünde kişinin iman beyanını doğrulamaya ve buna kefil olmaya istekli olduğunda gerçekleşir. Bazen tövbenin kanıtı apaçık görülür: karısını terk etmiş bir adam geri dönmüştür. Bazense bu kanıt biraz daha belirsizdir: bir bağımlılık döngüsüne yakalanan kişi tamamen o bağımlılığı yenmiş olmayabilir ama geçmişe kıyasla daha iyi durumdadır ve mücadele etmeye yönelik yeni bir kararlılığının olduğu görülebilmektedir.

Tövbe için gerekli olan kanıtın nasıl görüneceği günahtan günaha değişir ve tövbenin gerçek olduğunu söyleyebilmek her zaman kolay olmaz. Benim kilisemdeki ihtiyarlar bir defasında buna benzer bir ikilem yaşamıştı. Kilisenin disiplin uyguladığı birisi tövbekârlığına dair bazı kanıtlar gösteriyordu ama aynı zamanda yüreğinin hâlâ katı olduğunu gösteren işaretler de veriyordu. İhtiyarlar topluluğa bu adamın bağışlanmasını tavsiye edip etmeme konusunu görüştüklerinde iki tarafı da görebiliyorduk. Hepimiz Pavlus'un, aşırı kedere boğulmasın diye kişiyi daha fazla cezalandırmamak gerektiğiyle ilgili sözlerinin ağırlığını hissediyorduk. Son oylamada altı kişi bağışlama yönünde oy kullanırken, yedi kişi buna karşı oy kullandı.

Bir insanın ya da kilisenin her türlü kararının hatalı olabilecek olması gibi, elbette ihtiyarlar olarak biz de hata yapmış olabilirdik. Ama hem çoğunluktaki hem de azınlıktaki üyeler, kusurlu ve bir bakıma bölünmüş düşüncelerimiz aracılığıyla Tanrı'nın çalıştığına güvendi. Şükürler olsun ki, Tanrı geçici ihtiyar heyetini ve bizimkisi gibi mükemmel olmayan süreçleri de kullanabiliyor.

KİLİSE DİSİPLİNİ

Tövbenin kanıtlarını değerlendirmekteki bilgelik, dikkatli olmayı şefkatli olmakla dengelemeyi gerektirir. Bunun anlamı, sürecin çoğu zaman yavaş ilerlemesi gerektiği ama çok yavaş da olmaması gerektiğidir. 3. bölümde, utanç verici bir suçtan dolayı kilisesinden aforoz edilen bir arkadaşımın hikâyesinden bahsetmiştim. Şükürler olsun ki, suçu açığa çıkar çıkmaz hemen günahından vazgeçmişti ve bu iyiye işaretti. Ama onunla ilişkili diğer günahları hâlâ devam ediyordu ve bu kötüye işaretti. Kilise ihtiyarlarından ikisiyle onlarca kez danışmanlık için buluşmaya istekliydi ve bu iyiye işaretti. Ama kiliseye ve danışmanlık toplantılarına olan katılımı düzenli değildi ve bu kötüye işaretti. Ben bunları yazarken, bu kilisenin pastörleri dikkatli olmayı şefkatli olmakla dengelemeye, yavaş hareket etmeye ama çok da yavaş olmamaya çalışıyorlar. Kilisenin baş pastörü bana yakın bir zamanda şöyle yazdı: "Rab'bin onu tekrar kendisine döndüreceğine olan umudumuzu sürdürüyoruz! Bunun daha çabuk olmasını isterdik; öyle ki, onu hiç uzaklaştırmış olmazdık. Ama olmasını istediğimiz kadar hızlı olamadık. Lütfen onun gayretle Rab'bi araması için dua et."

Daha önce de söylediğim gibi, böyle zamanlarda bakılacak bir kural kitabının olması iyi olurdu: "Şununla karşılaştığında, şunu yap." Ama belki de Rab kendi kiliselerinin, en zorlu ikilemlerde bile kendisinin onlara bilgelik sağlayacağına güvenmelerini istiyor ve bir kez daha, ona ne kadar bağımlı olduğumuzu bize hatırlatıyor.

KARAR BAŞKA KİLİSELERİ DE BAĞLAR MI?

Disiplin ve geri döndürmeyle ilgili ele almaya değer son bir soru daha var. Bir kilisenin birini aforoz etme kararı, diğer kiliseleri de bağlar mı? Yani bir kilise, bir başka kilisenin disiplin uyguladığı birini üyesi olarak kabul edebilir mi? Farklı mezhep gelenekleri bu soruya farklı şekillerde cevap verir. Bazı gelenekler kurumsal kilisenin yerel kiliselerin üzerinde olduğu, bu yüzden böyle bir şeyin olamayacağı kanısındadır. Bir piskoposun kararı, bir ölçüde diğer piskoposlar tarafından da bağlayıcı kabul edilmelidir.

Böyle düşünenler sadece Roma Katolikleri ya da Anglikanlar değildir. Tarihte bazı Baptist kiliseler de, bir kilise birisini aforoz ettiğinde, o kişinin en azından yasağı kalkana kadar hâlâ aynı kilisenin yetkisi altında olduğunu savunmuşlardır. Bu sırada başka bir Baptist kilise, bu ilk kilisenin yetki alanını ihlal ederek söz konusu kişiyi üyesi olarak alamaz.

Ben bu savın hatalı olduğunu düşünüyorum. Kiliselerin başka bir topluluk tarafından disiplin uygulanmış birini kendi üyesi olarak kabul etme yetkisi vardır. Bunu yapmak bilgece olmayabilir. İlk kilisenin bu kararının sebeplerini araştırmaları kesinlikle bilgece olur. Ama son analizde, İsa her topluluğa bağlama ve çözme anahtarlarının yetkisini teslim etmiştir ve bir topluluğun kararı diğeri üzerinde bağlayıcı değildir.

Bir kilise birisini aforoz ettiğinde, onu Şeytan'a teslim etmiş olur (1.Ko. 5:5). Yani, o kişinin Tanrı'nın kurtarıcı yetkisinin hüküm sürdüğü Tanrı egemenliğine ait olduğuna yönelik verdiği onayı geri çekmiştir. Bunun yerine, artık o kişinin

KİLİSE DİSİPLİNİ

Şeytan'ın hüküm sürdüğü Şeytan'ın egemenliğine ait olması gerektiğini ilan etmiştir (Mat. 4:8-9; Yu. 12:31; 14:30). Kilisenin Şeytan'ın egemenliğindeki Hristiyan olmayan diğer kişiler üzerinde nasıl yetkisi yoksa, aforoz edilmiş kişinin üzerinde de yetkisi bulunmaz. İsa onları bu yüzden "putperest ya da vergi görevlisi" saymak gerektiğini söylemektedir (Mat. 18:17). Yani, artık Tanrı'nın antlaşma topluluğuna ait olmayan birisi olarak sayılmalıdır.[3]

Kiliselerin birbirlerinden bağımsız hareket etmeleri gerektiğini mi söylüyorum? Kesinlikle hayır. Yeni Antlaşma kiliseleri açıkça birbirlerine bağlıdırlar. Diğer kiliselerin iyi durumda olduğundan emin olmalı, iyi öğretileri paylaşmalı ve gerçek uğruna birlikte çalışmalıdırlar (bkz. Elç. 11:28-30; Kol. 4:16; 3.Yu. 5-8). Ayrıca birbirlerini sahte öğretmenlere ve bozguncu karakterlere karşı uyarmalıdırlar (1.Yu. 4:1-3; 3.Yu. 9-10). Üyeleri kabul etmekte ve uzaklaştırmakta birbirlerine yardım etmeleri de bu karşılıklı bağlılığın bir parçasıdır. Bu nedenle, zaman zaman ve sağduyu çerçevesinde kiliseler arasında disiplinle ilgili iletişimler olmalıdır. Ama aynı zamanda nihai olarak, Tanrı önünde kendi kararlarını vermekten her kilise kendisi sorumludur.

---

3 Ama kiliseler disiplin uygulanmış kişilere hiç Hristiyan olmamış kişilerden daha farklı davranmamalı mı? (örn. "böyle biriyle yemek bile yemeyin", 1.Ko. 5:11) Evet. O halde bu, kilisenin o kişinin üzerindeki yetkisinin sürdüğünü göstermez mi? Hayır. Bu, kilisenin kendi üyeleri üzerinde kullandığı yetkisidir; bir annenin çocuklarına okulda belli bir grupla arkadaşlık etmemelerini söylemesi gibidir. Bu yetki o yanlış grup üzerinde değil, annenin kendi çocuklarının üzerindedir. Kilise de üyelerine aforoz edilmiş bir üyeyle arkadaşlık etmemelerini söylediğinde, hem üyelerini korumuş, hem de o kişinin iman beyanının doğru olmadığını söylemiş olur.

2. Kısım

ÇERÇEVEYİ UYGULAMAK: VAKA İNCELEMELERİ

KİLİSE ÜYELİĞİ

Aşağıdaki "vaka incelemeleri"nde, bizzat dahil olduğum ya da en azından duymuş olduğum gerçek hayatta yaşanmış unsurları kullandım. Ancak gerçek hayattan alınma unsurlar kullandığım yerlerde bile, detayları çeşitli şekillerde değiştirdim; buna "Joe" ve "Jill" gibi genel isimler kullanmak da dahil.

Tekrarlardan kaçınmak ve alandan tasarruf etmek için detaylı açıklamalar eklemedim. Bunun yerine, okuyucuyu söz konusu ilkeyi detaylı olarak ele aldığım bölümlere yönlendirdim. Referansları (3. bölüm) ya da (giriş) gibi parantezler içinde verdim.

Aşağıdaki örneklerde varılan kararların her zaman "bu konuda söylenecek son söz" olduğunu iddia etmiyorum. Bazıları hatalı olabilir. Ama yine de, benim kilisemin ya da bir başka kilisenin, 1-4. bölümlerde anlatılan Müjde çerçevesini uygulamaya yönelik en iyi girişimlerini temsil ediyorlar.

Tarif edilen tüm senaryolar ihtiyarlarca yönlendirilen, toplulukçu bir modeli esas alıyorlar. Yani hepsinde, belli bir seviyeden sonra disiplin sürecini ihtiyarlar yürütüyor ama aforozun yapılıp yapılmayacağı konusunda nihai kararı topluluk veriyor. Bu karar, sadece üyelere özel bir toplantıda, oylama yoluyla veriliyor.

6

ZİNAKÂR

DURUM

Joe kilisesinin yardım hizmetlerinde aktif rol alan, hatta yönetilmesine bile yardım eden birisiydi. Kilisede ihtiyar rolünde olan yakın arkadaşları, Joe'nun Hristiyan inancıyla ilgili duyduğu şüpheleri hakkında konuşmaya başlamışlardı. Bir gün Joe'nun karısı ihtiyarlardan birine ulaştı ve Joe'nun yakın zamanda bir kadınla en az bir ve muhtemelen daha fazla kez evlilik dışı birliktelik yaşadığını söyledi. İki ihtiyar birkaç kez Joe'yla buluşup özel olarak hem zina olayı hem de Joe'nun şüpheleri hakkında konuşmayı denedi ama işe yaramadı. Joe davranışlarının "yanlış" olduğunu kabul etmişti ama bu diğer kadını bırakıp bırakmayacağıyla ilgili kendisine yöneltilen sorulara kaçamak ve net olmayan cevaplar vermişti. Birkaç hafta sonra Joe, iki ihtiyara karısından ayrılmakta olduğunu ve evliliğini sonlandırdığını söyledi. Birkaç gün sonra da evinden taşındı.

Joe aforoz edilmeli miydi? Evetse, ne kadar çabuk?

GÜNAH DEĞERLENDİRMESİ

Zina, bir kişinin iman beyanını anında şüpheye düşüren çok ciddi bir günahtır. Bazıları bu beyanı tamamen geçersiz kıldığını bile söyler. Hristiyan olmayanların bile genelde yanlış bulduğu önemli bir sadakatsizlik eylemidir. Örneğin bazen siyasetçiler zina ettiklerinin ortaya çıkmasıyla makamlarını kaybederler. Zina İsa'yı temsil etme sorumluluğunun derinden ihlal edilmesidir çünkü o asla kendi gelinine sadakatsizlik etmez. Zina evlilikleri, çocukları, kiliseleri ve dostlukları mahveder.

Bir başka deyişle, zina kişinin bilmeden ya da iyi niyetle işlediği bir günah değildir. Çok katılaşmış ve kendini kandırmakta olan bir yüreği açığa vuran keyfi ve bilinçli bir günahtır.

Bazı durumlarda zinanın anında aforoz getirmesi anlaşılmaz değildir. Örneğin, bir gecelik bir şeyin ötesinde bir alışkanlık olduğu ya da kişinin bu günahı işlemeye devam etmeye kararlı olduğu çabucak anlaşılırsa, bu karar isabetli olacaktır.

TÖVBE DEĞERLENDİRMESİ

Eğer Joe gibi zina eden kişi yakalanırsa, Hristiyan olsa bile en azından en başta kendini savunması beklenebilir. Sonuçta bu kadar sapmışsa, yüreğinin oldukça katılaşmış olması gerekir. Ama Hristiyan'ın kalbindeki buzlar, cinsel ahlaksızlık konusunda sorgulandığında çabucak erimeli, bu birkaç saat içinde olmasa bile birkaç günde gerçekleşmelidir. Tövbe eden bir zinakârda, Pavlus'un dediği gibi kutsal ve samimi bir üzüntü, paklanmak için büyük istek, günaha karşı tiksinti, ayrıca öfke, korku, özlem, gayret ve daha fazlasını görmeyi bekleriz (2.Ko. 7:11).

Ama Joe en başından beri kaçamak davranıyordu. Günahına devam etmeye kararlı olup olmadığı net değildi ama bırakmayı isteyip istemediği de net değildi. İlk birkaç hafta boyunca, henüz sadece birkaç ihtiyar durumdan haberdarken, Joe hangi yolu seçeceğiyle ilgili kararsız görünüyordu. Bu yüzden ihtiyarlar hemen karar vermemeyi tercih ettiler.

DİĞER FAKTÖRLER

Joe'nun inançla ilgili şüpheleri de ihtiyarların hemen harekete geçmeme kararında etkili oldu. Hatta Hristiyan olmadığıyla ilgili şakalar yapmaya bile başlamıştı ve bu, ihtiyarların durumla başa çıkma şekillerini etkiledi (Pavlus dünyadaki zinakârlarla arkadaşlık etmekle "kardeş diye bilinen" zinakârlarla arkadaşlık etmek arasında bir ayrım yapıyor, 1.Ko. 5:9-11). Şüphelerin ve sadakatsizliğin birbiriyle bağlantılı olduğunu varsaydılar ama hangisinin daha önce başladığından emin olamadılar.

KARAR

Joe evliliğini sonlandırdığını söyledikten ve evinden taşınarak bunu gerçekten yaptığını gösterdikten hemen sonra, ihtiyarlar onun tövbe etmeme durumunun karakterleşmiş olduğunda karar kıldılar (3. bölüm). Joe tekrar tekrar uyarıldı ama İsa yerine günahını izlemeye kararlıydı. Yaptığı şeyin farkındaydı. Bu yüzden iki ihtiyar, tüm ihtiyar heyetinin desteğiyle, Joe'nun anında topluluktan çıkarılmasına karar verdi (3. ve 4. bölümler). Topluluk da bunu onayladı.

7

BAĞIMLI

DURUM

Jill kumar bağımlısıydı. Ebeveynlerinin kumarı eğlence amaçlı oynadığı bir evde büyümüştü ve bu yüzden de hiçbir ciddi sonuçla karşılaşmadı. Hatta ailesiyle Las Vegas'a tatile gittiğinde, ona kumar oynaması için harçlık bile veriyorlardı. Ama üniversitede Jill'in kumar alışkanlığı zorlantılı bir hal aldı. Kumarhanelere gitmeye başladı. Birçok sanal oyun ligine katıldı. Cep telefonunda kumar uygulamaları vardı.

Jill üniversiteden sonra Hristiyan olunca, kumar alışkanlığı büyük oranda azaldı ama bunun esas nedeni, ilgisinin yeni inancına odaklanmış olmasıydı. Bir yıl kadar sonra daha sık kumar oynamaya başladı. Başta Hristiyan arkadaşlarıyla oynadı. Kendileri de imanda pek olgun olmayan bu arkadaşları onun kumar hikâyelerini eğlenceli buluyorlardı. Ama çok geçmeden onun ciddi bir problemi olduğunu fark ettiler. Onlardan biri Jill'i bununla doğrudan yüzleştirdi ve Jill, sorumsuz oynadığında kumarın başına dert açacağını kabul etse de, her şeyin kontrolü altında olduğunu söyledi.

Sonra Jill evlendi. Bir yıl içinde Jill'in kumar alışkanlığı evliliğinde büyük bir mesele haline geldi. Kocası onu bununla yüzleştirince başta savunmacı davranmış, kocasına kendi günahlarını hatırlatmış ve üniversitedeyken çıkmaya başladıklarında, onun okulun basketbol oyunlarına iddia parası yatırdığını söylemişti. Ama Jill birkaç bin dolarlık para kaybettiği kötü bir vakadan sonra fikrini değiştirdi, kumar problemi olduğunu kabul etti ve bırakmaya karar verdi. Kiliseden arkadaşları onu bu süreçte gözetip sorumlu tutacaklardı.

Aradan birkaç ay geçti. Başta oldukça kararlı olmasına rağmen zamanla gevşedi. Jill tekrar kumar oynamaya başladı ve bu çabucak yeni bir probleme dönüştü. İlk denemesinde yüksek riskler aldı ve hayatında hiç kaybetmediği kadar büyük paralar kaybetti. Sonraki gün bu durumu telafi etmek için ortaya daha fazla para koydu ama daha da derine battı. Ardından iflas etti, gözyaşlarıyla sözlerini yineledi ve kilise danışmanını ziyaret etmeye bile söz verdi. Ama sonraki aylarda aynı döngü birkaç kez daha kendini tekrar etti.

Sonunda bir gece bir ihtiyar Jill'in kocasından bir telefon aldı. Jill alkollüyken bir polis memuruyla tartışmıştı. Kumarhanede binlerce dolar kaybetmiş, bundan dolayı korkunç hissetmiş, kendini alkolle rahatlatmaya çalışmış, bu onu daha da saldırganlaştırmış ve sonunda kendini, onu sakinleştirmeye çalışan polis memuruna yumruklar savururken bulmuştu. Memur onu tutuklamamıştı ama onu kumarhanenin ilgili bölümüne kapatıp kocasından onu almasını istemişti.

Sonraki sabah Jill büyük bir utanç ve pişman bir tavır içindeydi ama aynı zamanda biraz savunmacıydı da. Evet bu utanç vericiydi, ama bir yanı hâlâ bu günaha devam etmek istiyordu çünkü onu *o kadar da* kötü görmüyordu. Ona göre kumarhanelerde böyle kişiler için bir bölümün olması, bu günahın gayet yaygın bir şey olduğunu gösteriyordu. Ayrıca polis memuru ona zor bir durumdayken yardım etmişti; Hristiyan arkadaşları da aynı şeyi yapmaz mıydı?

Kilise, bir bağımlılık ve onun sonuçları konusunda bazı pişmanlık işaretleri gösteren Jill gibi bir bağımlıyı aforoz etmeli miydi?

GÜNAH DEĞERLENDİRMESİ

Hristiyanlar bir iki dolarlık bir iddianın günah olup olmadığıyla ilgili farklı düşünebilirler. Ama birçok Hristiyan daha büyük miktarlarda para yatırmanın, özellikle de bunu bir alışkanlık haline getirmenin, Tanrı'nın verdiği kaynaklara iyi kâhyalık yapmamak ve günah işlemek olduğunda hemfikir olacaktır. Büyük ihtimalle bu tür bir alışkanlığın kökeninde yatan şey, karşılığında hiçbir şey vermeden bir şey almaya yönelik putperestçe bir arzudur. Ayrıca böyle bir alışkanlık muhtemelen Hristiyan'ı kilisesine ya da ihtiyaç sahiplerine cömertçe vermekten alıkoyar. Kesin olaraksa, komşusunu kendisi gibi sevmemektir (kim komşusunu büyük paralarla kumar oynamaya teşvik eder?).

Jill'in günahı açıkça bir alışkanlıktı ve kendisini kontrol ediyordu. Risk alma hissi eğlenceliydi ama aynı zamanda bir gerçeklerden kaçma yoluydu ve ona kendisini önemli hissettiriyordu (kendi itirafı). Sanki kumarda kazanmak onun şans faktörünü ve dünyayı yenme ustalığını gösteriyordu. Jill açıkça, riske hükmetme ve karşılığında hiçbir şey vermeden bir şey alma hissini putlaştırmıştı.

KİLİSE DİSİPLİNİ

Bir o kadar (belki de daha fazla) problemli olan şeyse, 1 numaralı putu onu yarı yolda bırakınca, Jill'in sarhoşluğa sığınmasıydı. Ayrıca sarhoşluğunun başkalarının önünde onu utandıran doğası ve saldırgan davranışları, Hristiyan tanıklığını hiç umursamadığını ve yüreğinin oldukça katılaştığını gösteriyordu.

TÖVBE DEĞERLENDİRMESİ

Kocası kiliseye telefonu açtığında, Jill'in disiplin süreci halihazırda yıllardır devam etmekteydi. Uyarılar yapılmıştı. Hesap verme ilişkileri kurulmuştu. Ama Jill bunların hepsini unutmayı başarmıştı. Bazen tövbekâr görünüyordu ama sonra, kusmuğuna dönen köpek gibi tekrar tekrar günahına geri dönüyordu (Özd. 26:11). Her seferinde problem daha da kötüleşiyor gibi görünüyordu. Bu tıpkı kovulan cinin yedi kardeşiyle beraber geri dönmesi gibiydi (Mat. 12:44-45).

Neyse ki, Jill ara ara da olsa günahıyla mücadele etme kararlılığı gösteriyordu ve bunu en son vakasından sonra da yapmaya söz vermişti. Sonraki gün kesinlikle pişmanlık duyuyordu. Ama ihtiyarlar meseleyi tartışırken, bir kişinin binlerce dolar kaybettiği, sarhoş olduğu, bir polis memuruna vurduğu ve alıkonduğu bir olayın pişmanlığını yaşaması için, illa yeniden doğmuş bir yüreğe sahip olması gerekmediğini düşündüler.

Üç detay özellikle sorunlu görünüyordu: kumar dozunun giderek artan doğası, başkalarının önünde sarhoş olup kavga etmenin yüreğin katılığını göstermesi ve değişmeye yönelik verdiği sözlerin herkesin ondan daha önce de duyduğu sözler gibi olması. İhtiyarlardan biri bu olayı "bardağı taşıran son damla" olarak nitelemişti. Tüm ihtiyarlar artık bu kadının sözlerinin güvenilir olmadığında hemfikir oldu (3. ve 4. bölümler). Tüm "normal" hesap verme ilişkileri ve pastörel danışmanlık meyve vermemişti ve hatta işler daha da kötüye gidiyordu.

Bu noktada artık kocası bile onun pişmanlık sözlerine pek güvenmiyordu. İhtiyarlara karısının aforoz edilme kararını destekleyeceğini söylemişti. Bunu onu sevmediği için değil, sevdiği için yapıyordu (giriş).

KARAR

Pazar akşamı polis memurunun açtığı telefondan sonra, ihtiyarlar kumar bağımlılığı ve herkesin önündeki sarhoş taşkınlıkları nedeniyle Jill'i hemen aforoz etmeyi salık verdiler. Kilisedeki birçok kişi bu durumdan ilk kez haberdar olmuştu ve bazıları, aforozdan önce topluluk genelinde bir uyarı yapılması acaba daha mı iyi olur diye düşünüyordu. Ama ihtiyarlar Jill'in sarhoşken polis memuruyla yaptığı tartışmanın korkunç doğasıyla birlikte, olayların bu uzun geçmişinin, kiliseyi en azından bir süre için (3. bölüm) onun tövbesinin güvenilirliğini artık doğrulayamayacak bir noktaya getirdiğini açıkladılar. Sonraki aylarda gerçekten tövbe ettiğini gösterebilmesi umuldu. O zaman kilise seve seve ve sorumlulukla onun iman beyanını yine doğrulayabilecekti (5. bölüm).

Jill'in kocası, üyelik toplantısına katılarak kasıtlı bir mesaj verdi. İhtiyarların kararını şahsen desteklediğinin topluluk tarafından bilinmesini istedi. Aynı zamanda kilisenin kararını desteklediğinin Jill tarafından da bilinmesini istedi. Böylece karısı aforoz kararının ciddiyetini hafife alamayacaktı.

Topluluk Jill'i tek bir karşıt oyla topluluktan çıkarmaya karar verdi.

8

"HABERLERE KONU OLAN" SUÇLU

DURUM

İhtiyarlar ve topluluk Salı sabahı yerel haberlerinde, Joe'nun şirketinden para çaldığı suçlamasıyla tutuklandığını öğrendi. Haberlere göre, beş yıl boyunca Joe yüz binlerce dolar çalmıştı. Joe hem mahkemenin önünde, hem de bir ihtiyarla yaptığı özel görüşmesinde, suçlu olmadığını söyledi. Joe'nun günahını herkesin duymuş olması, kilisenin onu hemen aforoz etmesini gerektirir miydi?

GÜNAH DEĞERLENDİRMESİ

Kilise üyesi olmayı sürdürürken yıllar boyunca yüz binlerce dolar çalmış olmak, kişinin günahının köklerinin derinliğini, yüreğinin katılığını ve sahteliğini gösterir. Böyle bir günah kasıtlıdır ve keyfidir.

TÖVBE DEĞERLENDİRMESİ

Günahın kasıtlılığından, uzunluğundan ve ikiyüzlü doğasından ötürü, kilise makul bir şekilde bu kişinin iman beyanını artık doğrulayamayacağına karar verdi ve derhal aforoz işlemine geçti. Bu kişi tövbekâr *olabilirdi* ama kilise onun tövbesinin gerçek olup olmadığına karar vermekte oldukça zorlanırdı. Büyük ihtimalle, yolsuzluk günahı ve ona eşlik eden ikiyüzlülük, karakterleşmiş bir tövbe etmeme durumunu işaret ediyordu (3. ve 4. bölümler).

Ama bu analiz Joe'nun suçlu olduğunu varsayıyor; oysa kendisi suçlu olmadığını söylüyor. Ayrıca mahkeme de henüz karar vermiş değildi. İhtiyarlar kilisenin yargısının mahkemenin yargısından daha desteksiz olmasını istemediler (1. bölüm). Mahkemenin sonunda suçsuz olduğuna hükmedeceği bir adamı aforoz etmeyi de kesinlikle istemiyorlardı.

KARAR

Topluluk durumu halihazırda gazetelerden öğrenmiş olduğundan, ihtiyarlar kilisenin önünde bir şey söylemeleri gerektiğini biliyorlardı. Bu yüzden şunda anlaştılar:

1. Resmi bir salık vermeden önce mahkemenin kararı beklenecek;

2. Eylem planlarının bu olduğu topluluğa açıklanacak;

3. Topluluk bu süreçte Joe ve ailesi için dua etmeye ve onlara sevgi göstermeye çağırılacaktı;

4. Ayrıca Joe'yu özel olarak Rab'bin Sofrası'na katılmaya devam etmesi için teşvik ettiler ama kendisi suçlu olduğunu biliyorsa, Rab'bin Sofrası'ndan uzak duracaktı. Eğer Joe suçluysa, önderler onun bu öğüde kulak asmayacağını düşünüyorlardı. Ama yine de bunu ona söyleme gereği duydular.

9

EZİLMİŞ KAMIŞ

DURUM

Jill'i büyüten bekar annesinin birden çok partneri olmuştu ve onlardan birçoğu hem annesini hem de kendisini istismar etmişti. Hayatında daimi bir erkek figürü olmasının özlemiyle, Jill de yetişkinliğinin erken dönemlerinde çokça partnerle birlikte olmuş ve erkeklerin onun bu zaafından faydalanmasına izin vermişti. Ayrıca kendini yaralama ve yediklerini kusma sendromu da geliştirmişti.

Jill üniversitedeki bir kilise grubundan, kendisini umursuyor gibi görünen arkadaşlar edindi. Bir süre sonra kendisini Hristiyan olarak tanımlamaya başladı ve vaftiz oldu. Kilisesi Müjde'yi duyuruyordu ama vaazlar çoğunlukla yüzeyseldi ve kilise gözetim ve hesap verme adına pek az imkân sağlıyordu. Jill de dahil olmak üzere kiliseye katılan birçok kişi toplulukta bilinmiyorlardı. Jill çok geçmeden eski cinsel günah ve kendini yaralama alışkanlıklarına geri döndü.

Üniversiteden sonra Kutsal Kitap'ın doğru bir şekilde öğretildiği ve üyeliğin değerli görüldüğü yeni bir kiliseye katılmaya başladı. Üye oldu. Çoğunlukla bu yeni topluluğun kenarında kaldı ve çok öne çıkmadı ama oradaki küçük bir kadın grubuna katıldı ve zamanla ne kadar yalnız hissettiğini kabul etmeye başladı. Bu kendisini de şaşırtmıştı ama cinsel günahını da itiraf etmişti.

Bir gün bu kadın grubundan ona destek olan bir üyeyle birlikte pastörün ofisine geldi ve gözyaşları içinde, aylardır sürdürdüğü tehlikeli boyuttaki cinsel aktiviteyi anlattı. Jill aforoz edilmeli miydi? Geçmişinde yaşadıkları bu kararı şekillendirmeli miydi?

GÜNAH DEĞERLENDİRMESİ

Genel olarak cinsel ahlaksızlık, özellikle de Jill'in durumundaki gibi bir alışkanlık ya da yaşam tarzı haline gelmişse, Hristiyan'ın iman beyanını şüpheye düşüren bir şeydir. Hristiyanlığının ilk günlerinde Jill çok net olmasa da, bunun yanlış olduğunu biliyordu ama kilisesi günahı ciddiye alan bir kilise değildi. Üniversite grubundaki önder ara sıra müstehcen şakalar yapardı ve diğer üyeler de bu konuda Jill'den pek farklı değildi. Bunları kendi vicdanını katılaştırmak için mazeret olarak kullanmıştı.

Ama yeni kilisesinde ikiyüzlü hissetmeye başladı ve konuyla ilgili kanısı güçlendi. Ama cinsel alışkanlıkları ve duygusal ihtiyaçları derindi. Kendini yaralama davranışı, cinsel günahtan ötürü duyduğu suçluluğu geçici olarak rahatlatmasına yardımcı oluyordu.

TÖVBE DEĞERLENDİRMESİ

Jill'in günahlı alışkanlığı ne kadar problemliyse, tövbeye yönelik ilk adımları da o kadar umut vericiydi (3. bölüm). Öncelikle, kimse onu yakalamadan, günahını kendisi ışığa getirmişti. İkinci olarak, katıldığı gruba ve bundan dolayı çok utanmış olsa da, sadece ismen tanıdığı ve uzaktan saygı duyduğu bir pastöre de bunu itiraf etmişti. Üçüncü olarak, pastörün isteğiyle kilisedeki bir danışman personelle görüşmeyi kabul etmişti. Dördüncü olarak, pastöre bu konuyu ihtiyarlara götürmemesini tercih edeceğini belirtmiş ama bunu yaparsa da kararına saygı duyacağını ve bunun kendi iyiliği için olduğunu bileceğini söylemişti. Tüm bunları düşününce, Jill'de savunmacı bir tavrın olmadığı görünüyordu (3. bölüm). Gerçekten geçmişinden dolayı pişmanlık hissediyor ve farklı bir gelecek özlemi duyuyor gibiydi.

Kendini yaralama davranışı problemliydi çünkü Müjde'yi pek iyi anlamadığını gösteriyordu. Ama yine de, her türlü sonucu göze alarak hem bu davranışını hem de cinsel günahını ışığa getirmesi, tövbesinin güvenilirliğini güçlendiren işaretlerdi.

DİĞER FAKTÖRLER

Jill'in aile geçmişi, durumu değerlendiren pastörün bakış açısını büyük ölçüde etkiledi. Kilisede ve sağlıklı bir ailede büyümüş, kilise hizmetinde aktif rol alan bir kadın böyle bir günahını itiraf etseydi, durum daha farklı değerlendirilebilirdi.

KARAR

Pastör bu durumu bütün ihtiyar heyetine sunmaya karar verdi ama aforoz tavsiyesinde bulunmadı. Hem kendi değerlendirmesini kontrol etmek hem de ihtiyarların bu ezilmiş kamışla nasıl ilgileneceklerini daha iyi anlamaları için Jill'in

KİLİSE DİSİPLİNİ

hikâyesini paylaştı. Sonunda resmi bir disiplin uygulanmamasına karar verildi.

10

KİLİSEYE GELMEYEN ÜYE

DURUM

Joe Ocak ayında kiliseye üye olmuştu, altı aydır düzensiz olarak gelip gidiyordu ama sonra gelmeyi tamamen bırakmıştı. Geldiği zamanlarda kiliseye geç varırdı, erken ayrılırdı ve hiç kimseyle bir ilişki kurmazdı. Bir ihtiyar Şubat ayında onunla bir öğle yemeği yemiş, daha sonra başka yemekler de planlamaya çalışmıştı. Ama Joe bunların hepsini son dakikada iptal etmiş, genelde aynı sebebi sunmuştu: "Üzgünüm, işle ilgili bir durum çıktı!" Kilisedeki kimse Joe'yu tanımıyor gibiydi.

Eylül ayında bu ihtiyar, Haziran'dan beri Joe'yu görmemiş olduğunu fark etti ve onu tekrar aramaya karar verdi. Telefonuna bir sesli mesaj bıraktı. Birkaç hafta sonra bir sesli mesaj daha bıraktı ve bir de e-posta gönderdi. Bu mesajlardan hiçbirine dönülmedi. Joe'nun hiç görülüp duyulmadığı birkaç ay daha geçti. Bir iki mesaj daha bırakıldı. Bu noktada ihtiyar diğer ihtiyarlara durumu açıkladı ve onlardan ikisi, Joe'yu aramayı ya da e-posta göndermeyi önerdi. Birkaç ihtiyar heyeti toplantısının ve Joe'nun gelmemeye devam etmesinin ardından, herkes sekiz aydır kimsenin onu görmediği ya da duymadığı konusunda hemfikir oldu.

Joe aforoz edilmeli miydi? Öyleyse, bu hangi günahtan dolayı olacaktı?

GÜNAH DEĞERLENDİRMESİ

Joe'nun günahı birkaç farklı yoldan tarif edilebilir. Yerel kilisesiyle ilgili sorumluluk almaya söz verdiği kilise antlaşmasını ihlal ettiği söylenebilir. Tanrı'yı sevdiğini söylerken, kilisedeki arkadaşlarından nefret ediyordu çünkü onları açıkça ihmal ediyordu (1.Yu. 4:20-21). Belki de en net günah olarak, Joe İbraniler 10:24-25'teki buyruğa karşı geliyordu: "Birbirimizi sevgi ve iyi işler için nasıl gayrete getirebileceğimizi düşünelim. Bazılarının alıştığı gibi, bir araya gelmekten vazgeçmeyelim; o günün yaklaştığını gördükçe birbirimizi daha da çok yüreklendirelim." İbraniler yazarı birbirlerini yüreklendirebilmeleri, sevgi ve iyi işler için gayrete getirebilmeleri için, Hristiyanlara düzenli olarak görüşmelerini buyurmaktadır. Bu da yukarıdaki ilk iki noktayı ifade etmenin bir başka yoludur. Yazar daha sonra yargı gününe işaret eder ve o günü, Hristiyanların neden bu şekilde harekete geçmeleri gerektiği konusunda bir pekiştireç olarak kullanır. Bir başka deyişle, İbraniler'in yazarı günahı gerçekten de çok ciddiye almaktadır.

Kiliseye gelmeme günahı zina gibi açık bir şey değildir. Ama yine de bir günahtır ve genelde ardında başka günahları gizlemekte, ya da en azından başka günahlara kapı aralamaktadır. Ayrıca ABD gibi ülkeler Müjde'nin itibarını azaltan sözde Hristiyanlarla doludur çünkü kiliseler toplantılara katılmayan kişilerle ilgili bir sorumluluk almamaktadırlar.

Ayrıca kilise üyeliği, kilisenin birisinin iman beyanını herkese açık olarak onaylamasıyla olan bir şeyse, toplantılara gelmemek kilisenin bu sorumluluğunu yerine getirememesine yol açar. Kilise bu durumda bu üyenin öğrenciliğini gözettiğini tutarlı bir şekilde iddia edemez. Dolayısıyla, aforoz bu yanlış anlaşılmaları kaldıracak bir seçenektir. Bu şekilde kilise şöyle demiş olur: "Bu kişiye kefil olamamaktayız. Bu yüzden, artık onun iman beyanını resmi olarak onaylamayacağız" (2. bölüm).

TÖVBE DEĞERLENDİRMESİ

Joe ihtiyarların e-postalarına ve telefon aramalarına cevap vermediğinden, tövbesinin meyvelerini değerlendirmek mümkün değil. Yalnızca böyle bir meyvenin görülmediği söylenebilir.

KARAR

Ama yine de ihtiyarlar hemen aforoz kararı vermedi. Bunun yerine Matta 18'deki modele göre "topluluğa bildirmeye" karar verdiler (1. bölüm). Sonraki üye toplantısında, Joe'nun adını topluluğun önüne getirdiler ve eğer hiçbir şey değişmezse, iki ay sonraki olağan toplantıda kiliseye gelmediğinden ötürü bu kişinin aforoz edilmesine karar verileceğini açıkladılar. Joe'yla ilişkisi olan herkesi onu aramaya ya da e-posta göndermeye teşvik ettiler. İhtiyarlar ayrıca bu fırsatı, topluluğa katılımın ne kadar önemli olduğunu öğretmek için de kullandılar.

Aforoz kararını iki ay daha ertelemelerinin en az beş nedeni vardı (4. bölüm). Öncelikle, Matta 18'in mantığına göre

Joe'nun tövbesini sınamaları için bu, onlara daha fazla zaman vermişti. İkinci olarak, Joe'nun arkadaşlarına (ihtiyarların bilmediği arkadaşlıkları varsa) Joe'yu tövbeye çağırma işine katılma fırsatı sundular. Üçüncü olarak, hemen aforoz etme kararı verilmesinin kaçınılmaz olarak yaratacağı şok hissinden sakınmış oldular. Şeytan genelde böyle şokları, genç ya da olgun olmayan koyunların önderlerine olan güvenlerini azaltmak için kullanır. Dördüncü olarak, kayıp koyunları aramak için son bir fırsat daha oluşmuştu. Beşinci olaraksa, topluluğa birlikte Joe için dua etme fırsatı vermişlerdi.

İki ay sonra da Joe'dan bir haber alan olmadı. Bu yüzden ihtiyarlar aforoz kararı aldılar ve topluluk oy birliğiyle kabul etti.

11

DÜZENLİ KATILIM GÖSTEREN, BÖLÜNME YARATAN VE ÜYE OLMAYAN KİŞİ

DURUM

Jill ve kocası kiliselerine yirmi yıldır gidiyorlardı. Bu zamanın büyük çoğunluğunda, kilisede resmi bir üyelik sistemi yoktu ve bu yüzden ne Jill ne de kocası üye değildi. Ama ikisi de yeni anne olanlar için yemek organize etmekten Pazar okulunda öğretmeye kadar her konuda aktif rol alıyorlardı. Pazar toplantılarını da nadiren kaçırırlardı.

Jill aynı zamanda aktif bir dedikoducuydu. Bir çiftin evliliğindeki problemleri, finansal zorlukları ve ailelerin isyankâr ergenleriyle yaşadıkları sorunları ilk duyan oydu.

Yeni bir pastör geldiğinde ve kilisede daha anlamlı bir üyelik sistemi kurmaya başladığında, kilisenin büyük çoğunluğu bunu memnuniyetle kabul etti. Ama Jill ve kocası bundan memnun olmadı. Hristiyanlıklarıyla ilgili bir şey imzalamalarının istenmesi fikrinden hoşlanmadılar. "Kilise bir ailedir!" ve "kim aile üyelerinin aile üyeliklerini belirten bir kağıt imzalamasını ister?" gibi düşünceler savundular.

KİLİSE DİSİPLİNİ

Birkaç yıl içinde yeni pastör, Jill ve kocasının hoşlanmadığı birçok başka değişiklik daha yaptı. Örneğin, artık sadece üyeler Pazar okulunda öğretebilecek ya da kilisenin ev sahipliği yaptığı hizmetlerin yönetiminde rol alabilecekti. Çift ve özellikle de Jill, durumdan giderek daha çok rahatsızlık duymaya başlamıştı.

Bir gün Jill, pastörün bir market koridorunda karısı olmayan çekici ve genç bir kadınla konuştuğunu gördü. Jill uzak bir mesafedeydi ama pastörün bu kadının omzuna dokunduğunu ve kadının karşılık olarak ya ağladığını ya da kıkırdadığını gördüğünü düşündü. Emin değildi. Ama arkadaşlarına pastörleri için taşıdığı kaygıları anlatmaya başladı. Pastör evlilik dışı bir ilişki yaşıyor olabilir ve dua edilmesi gerekebilirdi. Dedikodular yayılmaya başladı ve sonunda ihtiyarların kulağına ulaştı.

Başta Jill pastörle ya da diğer ihtiyarlarla bu konuyu doğrudan konuşmamıştı. Ama iki ihtiyar ona dedikodu yapmayı bırakmasını ve arkadaşlarından özür dilemesini söylediğinde, pastör ve eşiyle doğrudan yüzleşmeye karar verdi. Jill bu sırada kendisini çoktan pastörün gerçekten evlilik dışı bir ilişki yaşadığına inandırmıştı. İhtiyarlar ona bu suçlamasını destekleyecek bir başka tanık getirip getiremeyeceğini sordular (1.Ti. 5:19). Bunu yapamazdı ama yine de vazgeçmeyi reddetti. İhtiyarlar Jill'i iftira ve ayrılık yaratma suçundan dolayı aforoz edilebileceğini söyleyip uyarsa da, üye olmadığı için onu aforoz etme yetkilerinin olmadığını söyledi.

Bir kilise üye olmayan birini aforoz edebilir mi? Birinin iftirasının ve ayrılık yaratmasının artık sınırı aştığına ve eylem gerektirdiğine karar vermenin ölçütü nedir?

GÜNAH DEĞERLENDİRMESİ

Kanıtlara göre, Jill en az üç günahtan dolayı suçlanabilir: iftira, ayrılık yaratma ve ihtiyarları dinlemeyi reddetme. İsa ve elçiler iftiranın kötü olduğunu ve Hristiyanların ondan uzak durması gerektiğini söylemektedirler (Mat. 15:19; Ef. 4:31; 1.Pe. 2:1). Sonuçta bu Hristiyan kardeşliğinin itibarını ve sağlığını mahvedebilir, kilisede ayrılık yaratabilir. Pavlus da yaptığı uyarıda, ayrılık yaratanların iki kez uyarıldıktan sonra topluluktan atılması gerektiğini söylemektedir (Tit. 3:10). Ayrılık yaratmak gerçekten de ciddiye alınması gereken bir suçtur. Son olarak, Kutsal Yazılar Hristiyanların önderlerine itaat etmeleri gerektiğini buyurur (İbr. 13:17).

Jill'in suçlamaları markette yaşanan olaya ve kanıtı olmayan birkaç başka detaya dayanıyordu. İki ihtiyar yine de olayı sessizce araştırmış ancak suçlamaların tamamen hayal ürünü olduğuna karar vermişlerdi. Jill'den en az dört kez suçlamalarını durdurmasını istemişlerdi ama o bunu reddetmişti.

TÖVBE DEĞERLENDİRMESİ

Altı ila sekiz hafta süren görüşmelerin ardından Jill'in geri adım atmayacağı net olarak anlaşılmıştı. Hatta her konuşmada suçlamalarını daha şiddetli bir şekilde savunuyordu ve markette tanık olduğunu söylediği şeye yeni detaylar eklemeye başlamıştı. Başta onun haklı olabileceğini düşünen arkadaşları zamanla fikrini değiştirmeye başlamıştı. Bu onu daha fazla öfkelendirmiş gibi görünüyordu ve kendisine destekçi bulmak için topluluktaki daha genç, daha tecrübesiz üyelere yönelmişti.

KİLİSE DİSİPLİNİ

Kısacası Jill'in kilisedeki ve hizmetlerdeki aktif katılımı onun Hristiyan olduğunu gösteriyordu. Ama son aylarda yaşananlar bunun güvenilirliğini azaltmış gibi görünüyordu (3. bölüm). İhtiyarlar oy birliğiyle onun yukarıda tarif edilen üç günahı işlediğine ve tövbesine dair hiçbir kanıtın bulunmadığına hükmetti. Meyveler kötüydü ve giderek daha da kötüleşiyordu.

DİĞER FAKTÖRLER

Bu durumu karmaşık hale getiren bir faktör, Jill'in kilise üyesi olmamasıydı. Teknik olarak haklıydı: topluluğun yetkisine resmi olarak teslim olmamıştı ve bu yüzden de kilisenin onu topluluktan atmaya yönelik resmi bir yetkisi yoktu (2. ve 3. bölümler).

Aynı zamanda, kilisedeki uzun geçmişinden dolayı topluluğun iyi tanıdığı ve birçok kişinin sevdiği birisiydi. Ayrıca birçok kişi onun üye olduğunu varsayıyordu. Yemek sağladığı genç anneler gibi bazıları, kendileriyle ilgilendiği için ona minnet borcu duyuyordu. Bir bakıma bir üyenin olması gereken her şeydi ama günahı hariç. Katılımı, ilişkileri ve Rab'bin Sofrası'ndan alması, hem topluluk içindekilere hem de topluluğun dışındakilere, kilisenin onun iman beyanını onayladığı tanıklığını veriyordu.

KARAR

İftira ve ayrılık yaratma, ölçmesi zor günahlar olabilir. Ama ihtiyarlar onun bu davranışlarıyla ilgili bir şey yapmaya kararlıydılar çünkü bu davranışlar çeşitli ölçütleri karşılıyordu:

• Ne kanıtlarla ne de başka tanıklarla iddiasını ispatlayamıyordu.

• Yaptığı şeye son vermesi istendiğinde bunu reddetmişti.

•Diğer üyeleri kilise yönetimini sorgulamaya, kuşku duymaya ve hatta eleştirmeye ayartıyordu.

Aktif bir şekilde yanına başka muhalifler topluyordu.

• Tüm bunlar kilise hayatının odağını dağıtmıştı. Üyeler arasındaki konuşmalarda konudan sık sık bahsedilir olmuştu. İhtiyarların zamanını almıştı. Bazı üyeler, olaylar nedeniyle vaazlara iyi odaklanamadıklarını kabul etmişlerdi.

İhtiyarlar bu yüzden bu kadının bir kurt olduğuna karar verdi. Kutsal Kitap'ta çobanlara, açıkça sürüyü kurtlara karşı uyarmaları buyurulur; bu kurtların üye olup olmamaları fark etmez (Elç. 20:28-31; bkz. 2.Pe. 2; Vah. 2:20-29). Bu nedenle, herkesin önünde tövbe edene kadar ona Rab'bin Sofrası'ndan almamasını özel olarak söylediler. Ayrıca üye toplantısında topluluğu onun iftirasına ve ayrılık yaratmasına karşı uyardılar. Kiliseye onu bir Hristiyan gibi görmemelerini, onun yanıltıcı ve yıkıcı yollarına aldanmamalarını söylediler.

Üye olmadığı için ihtiyarlar topluluğa bir eylem çağrısında bulunmamaya ve "aforoz" sözcüğünü kullanmamaya karar verdiler (2. bölüm). Bunun yerine topluluğa, ihtiyarların kararlarını gözetmenler olarak sahip oldukları yetkiye dayanan buyruklar ve uyarılar olarak görmelerini söylediler (Elç. 20:28-31).

12

ÖNCE DAVRANIP KENDİSİ AYRILAN ÜYE

DURUM

Joe yirmi yıllık evliliğinin ardından karısını boşamaya karar verdi. Finansal açıdan iyi durumdaydı ve satın aldığı şeyler bunu açıkça gösteriyordu. Boşanma konusunda kendisine meydan okunduğunda, karısıyla "geri döndürülemez biçimde" uzaklaştıklarını ve "sadece aynı evi paylaşan" kişiler haline geldiklerini söylemişti. Joe'nun karısı üzülerek bu ifadeleri doğrulamıştı ama boşanmak istemiyordu.

Joe'nun arkadaşlarından birçoğu, ona bu düşüncesinden vazgeçmesi için yalvardı. Sonunda pastörlerden birini sürece dahil ettiler ve pastör kırk beş dakikalık toplantıda "kilise disiplini" ifadelerini kullandı. Bir hafta sonra Joe, üyelikten ayrıldığını bildiren bir mektubu kilise ofisine gönderdi. Aynı zamanda boşanma için gerekli olan tüm evrak işlerini de ayarladı.

Joe aforoz edilmeli miydi? Bir kilise üyesi, üyelikten ayrılarak kilise disiplininden kurtulabilir mi?

GÜNAH DEĞERLENDİRMESİ

Hristiyanlar İsa ve Pavlus'un sadakatsizlik ve terk etme gibi konularda boşanmaya izin verip vermediği konusunda farklı düşüncelere sahiptirler (bkz. Mat. 19:9; 1.Ko. 7:15) ama çoğu, bir Hristiyan'ın Joe'nun sunduğu sebeplerden ötürü eşini meşru bir şekilde boşayamayacağında hemfikirdir. Böyle bir eylem Tanrı tarafından yapılan evlilik antlaşmasının ihlali demektir ve bu yüzden de günahtır.

Ayrıca böyle bir günah, özellikle de birçok uyarıya rağmen işlendiğinde oldukça açık, kasıtlı ve keyfidir. Kişinin iman beyanını anında geçersiz kılar gibi görünmektedir.

TÖVBE DEĞERLENDİRMESİ

Böyle bir vakada tövbenin nasıl görüneceği oldukça netti: boşanma kararından vazgeçmek. Ama Joe bu kararından vazgeçeceğine dair hiçbir işaret göstermedi.

DİĞER FAKTÖRLER

Joe üyelikten ayrılarak aforoz edilmekten kurtulmak istedi. Bu meşru bir hareket miydi? Hayır. Hristiyanlar Mesih'e itaat etmenin bir gereği olarak yerel kiliselerin onayına ve gözetimine teslim olmaya çağırılmışlardır (2. bölüm). İnsanlar kiliselere kilisenin onayıyla katılırlar ve kilisenin onayıyla ayrılırlar. Yani birisi bir kiliseye gidip "ben artık üyeyim" diyemez. Hangi yönetim şekline sahip olursa olsun, tüm kiliselerin kişinin iman beyanını sınamak ve sonra da onaylamak için izlediği bir yol vardır. İsa elçisel kiliseye egemenliğinin anahtarlarını bu amaçla vermiştir. Evet, kilise üyeliği "gönüllülük" esasına dayanır çünkü İsa bize belli bir kiliseyi

seçme yükümlülüğü vermedi ama *bir* kiliseyi seçme yüküm-
lülüğü verdi. Birisi nasıl kendi başına "üye olamıyorsa", aynı
şekilde üyelikten de kendi başına "ayrılamaz". Kilise üyele-
ri, kilisenin disiplin tehdidine üyelikten ayrılarak karşılık
veremezler (2. bölüm). Bu antlaşma benzeri ilişkinin bitiril-
mesi iki tarafın da rızasını gerektirir.[4] Böyle bir eyleme izin
vermek, İsa'nın yerel kiliselere disiplin uygulamaları için
egemenliğinin anahtarlarını teslim etmesinin amacını ihlal
eder. Bu tıpkı tutuklanmış bir suçlunun cezai yaptırımdan ve
mahkûmiyetten kurtulmak için vatandaşlıktan ayrılmasına
benzer.

KARAR

İhtiyarlar kiliseden bu kişinin üyelikten ayrılma mektubu-
na cevap vermesini istememeye karar verdiler. Bunun ye-
rine, kiliseye Joe'yu boşanma kararından dolayı aforoz et-
mesini tavsiye etti. Joe'nun eylemleri birçok uyarıya rağmen
karakterleşmiş bir tövbe etmeme tavrını yansıttığından ve
boşanma kararı sonuca varmış olduğundan, topluluktan
Joe'yu derhal aforoz etmesi istendi (3. ve 4. bölüm). Topluluk
bunu kabul etti ve oy birliğiyle Joe'yu hem üyelikten hem de
Rab'bin Sofrası'ndan uzaklaştırmaya karar verdi.

---

4 Bu konuyla ilgili daha detaylı bir değerlendirme için şu makaleme bakabilirsiniz:
"The Preemptive Resignation—A Get Out of Jail Free Card?", 9Marks - Novem-
ber/December 2009, http://www.9marks.org/ejournal/preemptive-resignati-
on-get-out-jail-free-card.

13

HRİSTİYAN İNANCINDAN AYRILMAYA KARAR VEREN ÜYE

DURUM

Jill dindar olmayan bir evde büyüdü. Üniversitede felsefe okudu ve kendisini agnostik olarak tanımladı. Sonra bir deist oldu. Sonra biraz Zen Budizmiyle ilgilendi. Ardından bir Hristiyan'la çıkmaya başladı ve Hristiyan olmaya karar verdi. Üniversiteden sonra çift evlendi ve bir kiliseye katıldı.

Evliliğin beşinci yılında Jill inancını sorgulamaya başladı ve sonunda, İsa tarihte gerçekten yaşamış biri olsa bile kesinlikle ölümden dirilmiş olamayacağına karar verdi. Bir ihtiyarla şüphelerini tartıştığı birkaç toplantıdan sonra Hristiyan inancından ve kilise üyeliğinden ayrılarak kendini artık Hristiyan olarak tanımlamamanın en iyisi olacağına karar verdi.

Bir kilise artık kendini Hristiyan olarak görmeyen birini aforoz etmeli mi?

KARAR

Jill kararını verdiğinde pastör onu uyardı ve tövbe etmesini istedi ama diğer ihtiyarlara aforoz edilmesini tavsiye etmedi. İhtiyarlar da topluluğa böyle bir tavsiyede bulunmadı. Bunun yerine Jill'in Hristiyan inancından ayrıldığını ve kendisini Hristiyan olarak görmediğini, bu yüzden onu üyelik listesinden sildiklerini, bunun bir aforoz olmadığını, sadece Jill'in kendi isteğini yerine getirdiklerini söylediler. Dayandıkları sebep şuydu: İsa yerel kiliselere Hristiyanlar üzerinde yetki vermiştir, Hristiyan olmayanlar üzerinde değil (2. bölüm). Bu yüzden, kilisenin kendisini Hristiyan olarak görmeyen biri üzerinde yetkisi yoktur. Bundan ziyade Pavlus, kilisenin yargısının "kardeş diye bilinen" kişiler üzerinde olduğunu söylemiştir (1.Ko. 5:11) ve o artık böyle biri değildi.

Elbette doktrinle ya da inançla ilgili önemli sapmalar ya da inkârlar aforoz gerektirebilir. Pavlus bunu Timoteos'a açıklamaktadır (1.Ti. 1:18-20). Jill'in kararının sonsuz yaşamdaki sonuçları, elbette Pavlus'un "imanı ve temiz vicdanı" bir yana iterek iman konusunda batanlar için öngördüğü sonuçlardan daha az korkunç değildir (19. ayet). Ama yine de Pavlus'un Timoteos'a bahsini yaptığı konu kasıtlı bir küfürle ilgilidir (20. ayet). Küfür zaten neredeyse tanımı itibariyle, kilise üyelerini kasıtlı bir şekilde yanlış yönlendirmeye yönelik bir girişimi ifade eder. Jill'in durumu böyle bir şey değildi.

İhtiyarlar bu yüzden topluluk adına bir eylemde bulunulmayacağını söylediler; bu tıpkı topluluğun bir üye öldüğünde bir eylemde bulunmaması gibiydi. İki durumda da üyelik sona erer. Topluluğa Jill'le arkadaşlıklarını sürdürmeleri, onu Hristiyan olmayan diğer arkadaşları gibi görmelerini, evlerine kabul etmelerini ve ona müjdelemelerini söylediler.

14

AİLE ÜYESİ

DURUM

Joe'nun karısı yakın zamanda kumar bağımlılığı yüzünden aforoz edilmişti (bkz. 7. bölümdeki vaka incelemesi). Joe kilisenin kararının yanında yer aldı. Ama karar verildikten sonra Kutsal Kitap'ını okurken Pavlus'un yazdığı "böyle biriyle yemek bile yemeyin" ifadelerini gördü (1.Ko. 5:11). Joe'nun karısı kilisenin aldığı karardan ve kocasının topluluğun kararını desteklemesinden dolayı derinden üzülmüştü. Ama kocasından ayrılmayı düşünmüyordu ve kocası da ondan ayrılmayı düşünmüyordu (bkz. 1.Ko. 7:12-14). Ama şimdi birlikte yemek yemekten de sakınmasının gerekip gerekmediğini düşünüyordu.

Aforoz edilmiş bir aile üyesine nasıl davranılmalı?

KARAR

Özel bir toplantıda bir ihtiyar, Joe'ya Kutsal Kitap'a göre hâlâ karısını sevmekle, ona hizmet etmekle ve onunla ilgilenmekle yükümlü olduğunu, hatta Mesih'in kilisesi için yaptığı gibi canını onun uğruna vermekle yükümlü olduğunu söy-

Aile Üyesi

ledi (bkz. 1.Ko. 7:14-15; Ef. 5:25-30). İhtiyar bir yaratılış ve ortak lütuf kurumu olan evlilikle, bir kurtarış ve özel lütuf kurumu olan kiliseyi birbirinden ayırmıştı. Joe'nun karısının kiliseden aforoz edilmiş olduğu gerçeği, kendisinin evliliğinde taşıdığı sorumluluklarını ortadan kaldırmıyordu.

İhtiyar disiplin uygulanmış birinin aile üyelerinin, aile yaşamının Kutsal Kitap'ta belirtilen yükümlülüklerini yerine getirmeye devam etmesi gerektiğini genel olarak açıkladı (ör. Ef. 6:1-3; 1.Ti. 5:8). Buna elbette çocukların anne babalarıyla ya da kocaların karılarıyla birlikte *yemesi* de dahildi.

Kilisenin aforoz eylemi yine de Joe'ya ve eşiyle sürdürmesi gereken iletişimine yeni bir yük yüklemişti. Pavlus'un kilise üyelerine aforoz edilmiş olanlarla yemek yememelerini söylemesi en az üç amaca hizmet ediyordu: Hristiyanları günah mayasından korumak, atılmış üyelerin kilisenin onları hâlâ imanlı olarak gördüğünü düşünmelerine engel olmak ve kilisenin toplumdaki tanıklığını korumak. Erken dönemdeki kilisenin zamanında, biriyle yemek paylaşmak paydaşlık, ilgilenme ve koruma anlamına geliyordu (bu yüzden din bilginleri İsa'nın günahkârlar ve vergi görevlileriyle yemek yemesini doğru bulmamıştı). Pavlus kilise üyelerinin aforoz edilmiş üyelerle, böyle bir ortak Hristiyan paydaşlığı imasında bulunacak *herhangi bir şekilde* yemek yemelerini istememişti.

Joe bu yüzden aynı anda hem karısına olan sevgisini romantik sevgisi de dahil olmak üzere göstermeyi sürdürecek ve ona sonuna kadar hizmet edecek, hem de onun Hristiyan olduğunu düşünmesine neden olacak bir şey söylemeyecek ve yapmayacaktı. Bunun yerine, onu tövbe ve imana yönlendirmeye ve bunun için teşvik etmeye devam edecekti.

3. Kısım

İLK ADIMLAR

15

DİSİPLİN UYGULAMADAN ÖNCE, ÖĞRETİN

Mark Dever tecrübeli bir pastör ve kilise disiplininin tanınmış bir savunucusu. Kilise disiplini konusundaki makalesine şu beklenmedik sözleriyle başlıyor: "Bunu yapma." Kilise disiplininin Kutsal Kitap'ta mevcut olduğunu keşfettiklerinde, pastörlere söylediğim ilk şey budur. "Yapma, en azından şimdilik".[5]

Kilise disiplininin sağlıklı bir kilisenin işaretlerinden biri olduğunu söyleyerek bu kitaba başlamışken, şimdi nasıl böyle bir tavsiyede bulunabiliyorum? Dever, hayali bir pastörün disiplin konusunu ilk defa duymasının hikâyesini anlatıyor. Başta bu fikir pastöre gülünç gelir. Ama sonra tüm Kutsal Yazılar'a bakar ve ikna olur. Şimdiye kadar dikkatsiz davrandığını fark eder. Meğer kiliseyi ya da Mesih'in itibarını bugüne dek korumuyormuş. Koyunlarını ya da Hristiyan olmayan komşularını sevmiyormuş. Sonra bu kanısı karara dönüşür ve bu hayali pastör bu konuda adım atmaya kararlı hale gelir. Dever şöyle devam ediyor:

---

5 Mark Dever, "Don't Do It!! Why You Shouldn't Practice Church Discipline," şurada: 9Marks, November/December 2009, www.9marks.org/eJournal/don't-do-it-why-you-shouldnt -practice-church-discipline.

Somurtkan bir kararlılık genelde bu noktada doğar. "Yaptığım son şey olacaksa bile, bu topluluğu Kutsal Kitap'a uygun olma yolunda yönlendireceğim!" Nitekim çoğu zaman da son şey olur.

Masum, Kutsal Kitap'a inanan bir topluluğun barışçıl, iyi niyetli yaşamına çakan kilise disiplini şimşeği! Bir vaazda olabilir. Pastörle bir diyakon arasındaki sohbet sırasında olabilir. Bir üye toplantısında, aceleci bir hareket anınızda olabilir. Ama şimşek bir noktada vurur. Bu şimşek anına da genelde büyük bir içtenlik ve Kutsal Kitap alıntıları eşlik eder.

Sonrasında o samimi disiplin eylemi gerçekleştirilir.

Sonrasında da tepki gelir. Yanlış anlamalar ve incinen duygular ortaya çıkar. Karşı suçlamalara geçilir. Günah saldırıya uğrar ve savunulur. Kötü sözler söylenir. Hırçınlık ve huysuzluk gittikçe artar! Yerel topluluğun uyumlu senfonisi, kavgaların ve suçlamaların gürültülü kakofonisine dönüşür. İnsanlar haykırır. "Bu ne zaman son bulacak?!" ve "Sen kendinin mükemmel olduğunu mu düşünüyorsun?"[6]

Hikâyenin özü de elbette şu ki, pastörler resmi kilise disiplinini uygulamaya koyulmadan önce bazı hazırlık adımları atılmalıdır. Bu bölümde pastörlerin ne öğretmeleri gerektiğine bakacağız. Sonraki bölümdeyse yürürlüğe konması iyi olacak bazı düzenlemeleri ele alacağız.

---

6 A.g.e.

KUTSALLIK VE TÖVBE HAKKINDA ÖĞRETİN

Eğer kilise disiplininin kiliseye anlamlı gelmesini istiyorsak, önsözde ve 2. bölümde bahsini yaptığımız gibi, topluluğun Müjde'yi ve Hristiyan olmanın anlamını doğru bir şekilde anlaması gereklidir. Hristiyan olmak sadece bir seferlik bir karar vermekle ilgili değildir; tamamen yeni bir tür karar verme alışkanlığına götüren imanla ve tövbeyle ilgilidir. Rab olarak Mesih'e teslim olmakla ilgilidir.

Tanrı kendi halkının dünyadan daha farklı görünmesini ister. Onların kutsal yaşamlar sürmelerini ve günahla savaşmalarını ister. Tövbe etmenin anlamı budur. Tövbe bir kişinin günah işlemeyi bırakması değil, günaha karşı savaş açması demektir. Kilise disiplinini anlaması beklenmeden önce bir topluluğun bunları anlaması gereklidir.

ÜYELİK HAKKINDA ÖĞRETİN

Kilise, bedenin *içinde* ve *dışında* olma kavramının gerçekliğini anlamadığı sürece, birini topluluktan *dışarı* çıkarmaya istekli olmayacaktır. Kutsal Kitap bu konuda açıktır: bir Mesih'in bedeninin "üyeleri" olanlar (1.Ko. 12:27), bir de bedenin "dışındakiler" vardır (1.Ko. 5:12). Eğer bir topluluk bunu anlamıyorsa, birini "dışarı" çıkarma düşüncesi oldukça anlamsız gelir.

Daha net olmak gerekirse, topluluğun kilise üyeliğinin bir kulüp ya da başka bir tür gönüllü organizasyon üyeliği gibi olmadığını anlamalıdır. Bu, kralın büyükelçiliği gibi işlev gören yerel kilise tarafından doğrulandığımız ve elçiler olarak tanındığımız bir krallığın vatandaşı olmakla ilgilidir. Hristiyanların kendi başlarına böyle bir yetkisi yoktur; Hristiyan olduklarına inandıktan sonra dünyanın önünde "Hey dünya, ben İsa'yla birlikteyim" diyemezler. Kendilerini vaftiz edemez ve kendi başlarına Rab'bin Sofrası'ndan alamazlar. Bu yetki, anahtarların gücü sayesinde kilisededir.

Kilise üyeliği nedir? Kilise üyeliği, kilisenin bir Hristiyan'ın İsa'ya olan iman ikrarını topluluk önünde onaylaması ve bu kişinin kilisenin gözetimine teslim olmasıdır. Kiliseniz bunu anlamaya başladığında, kilise disiplini düşüncesi çok daha anlamlı gelmeye başlayacaktır.

Aynı zamanda insanların disiplin tehdidi karşısında neden kilise üyeliklerinden ayrılma yetkilerinin olmadığını anlamaları da faydalı olur. İnsanlar kilisenin yetkisiyle bir kiliseye katılırlar ve yine kilisenin yetkisiyle bir kiliseden ayrılırlar.

ÖĞRENCİLİK HAKKINDA ÖĞRETİN

Önceki bölümlerde gördüğümüz gibi, öğrencilik/öğrenci yetiştirme ve disiplinin ikisinde de öğretme ve düzeltme vardır. Bu öğrencilik/öğrenci yetiştirme hem özel olarak hem de toplulukça gerçekleşir.

Topluluklar bu yüzden, Mesih'teki diğer öğrenciler tarafından düzeltilmenin ve öğretilmenin Mesih'in öğrencisi olmanın bir parçası olduğunu anlamalıdırlar. Pastörlerin kilise üyelerini, birbirleriyle düzeltmenin ve öğretmenin normal olduğu ilişkiler kurmaya teşvik etmeleri gerekir. Onlara Müjde'ye göre yaşayan insanların düzeltmeye açık olacaklarını ve yumuşak bir şekilde bunu kendilerinin de yapacağını öğretmelidirler. Daha büyük erkekler genç erkeklere öğretirler. Daha büyük kadınlar genç kadınlara öğretirler.

Disiplin Uygulamadan Önce, Öğretin

Böyle bir hesap verme sorumluluğu kilisedeki ilişkilerin bir parçası haline geldiğinde, resmi kilise disiplini daha anlamlı olur. Bu olmadığında, resmi bir disiplin eylemi uygulamayı teklif etmek insanlara temelsiz görünecektir.

KENDİNİ KANDIRMA HAKKINDA ÖĞRETİN

Öğrenciliğin var olma sebeplerinden biri, Hristiyanlar da dahil olmak üzere insanların kendilerini kandırmaya yatkın olmalarıdır. Elçilerin tekrar tekrar Hristiyanları "aldanmamak" konusunda uyarmalarının sebebi budur (1.Ko. 6:9; Gal. 6:7; Yak. 1:16). Pavlus "kimse kendini aldatmasın" der (1.Ko. 3:18). Bir başka yerde: "Kötüler ve sahtekârlar, aldatarak ve aldanarak gittikçe daha beter olacaklar" der (2.Ti. 3:13). Yuhanna günahımız olmadığını söylemenin ve "kendimizi aldatmanın" kolay olduğunu söyler (1.Yu. 1:8). Arzularımız dahi "aldatıcıdır" (Ef. 4:22).

Kendini kandırmaya yatkın olduğunu unutan Hristiyanlar çok geçmeden gurura kapılır ve başkalarına tepeden bakan Ferisiliğe doğru hızla yol alırlar. Çözümse, disiplin konusunda davetkâr olmaktır. Düzeltilmeyi istemektir. Azarı hoş karşılamaktır. Alçakgönüllülük ve bilgeliğin yolu budur.

Yerel kiliselerin var olma sebeplerinden biri, bizi kendimizden korumaktır. Etrafımızda bizi seven ve iyiliğimizi isteyen kardeşler varsa, kendimizde kendimizin göremediği şeyleri görmemize yardımcı olurlar. Biz "kendimiz" konusunda uzman değilizdir.

Bu, pastörlerin iyi zamanlarda her hafta öğretmeleri gereken bir derstir. Öyle ki, isyan zamanları geldiğinde kilise buna hazır olabilsin.

DİSİPLİN HAKKINDA ÖĞRETİN

Matta 18 ve 1.Korintliler 5 gibi konuyla ilgili en önemli metinler kullanılarak, topluluğa kilise disiplini hakkında öğretilmesi gerekir. Vaazlar, küçük gruplar ve kilise bültenlerinin hepsi, bu tür öğretmeler için doğal fırsatlardır.

Ama pastörlerin aynı zamanda Kutsal Yazılar'ın üyelik ve disiplinle ilgili (uygun olduğu yerde) diğer metinleri de uygulamayı öğrenmeleri gerekir. Örneğin 1.Petrus'ta Tanrı kutsal olduğu için kutsal olmayı buyuran metin açıkça bireye hitap eder ama topluluk için de uygulanabilir: Tanrı'nın *halkının* kutsal olması gerekiyorsa, o zaman bir kilise olarak kimi üyeliğe kabul ettiğimize ve kimi üyelikten çıkardığımıza dikkat etmemiz gerekir.

Ya da Yuhanna Müjdesi'ndeki metinlere ve sevginin itaat gerektirdiğini ifade eden mektuplara bakın. Bu metinler de sadece bireylere hitap etmez, aynı zamanda topluluk için de uygulanabilir: Kilisede birbirimizi daha iyi sevmeyi nasıl öğreniriz? Birbirimizin itaat etmesine yardım ederek ve itaat etmediğimizde hassas bir şekilde birbirimizi düzelterek. Mesih'teki itaatsiz bir kardeşi düzeltmek, doğru nedenlerle yapıldığında, bir sevgi eylemi olur. Buna inanıyor musunuz?

Hatta, elbette İsrail'in sınırlarını belirleyen unsurlar ya da sürgün yaşamı gibi, kurtuluş tarihinin geniş temalarına değinen metinler dahil olmak üzere, Kutsal Kitap'taki kutsallık, tövbe, Mesih'e iman etme, rablik ve öğrenci yetiştirmeyle ilgili hemen hemen tüm metinler kolayca disiplin konusuna uygulanabilir.

Pastörlerin kilise üyelerine disiplinin amaçlarını da öğretmeleri gerekir. Kiliseler disiplini sadece cezalandırma için değil, Müjde sevgisinden ötürü uygulamalıdırlar. 1. bölümde disiplinin kanser gibi bir günahı açığa çıkarmaya, daha büyük bir yargının geleceği uyarısını yapmaya, günahkârı kurtarmaya, diğer kilise üyelerini korumaya ve Mesih için iyi bir tanıklık sunmaya hizmet ettiğini görmüştük. Bunların hepsi sevgi eylemleridir.

SEVGİ HAKKINDA ÖĞRETİN

O halde kilise disiplini temelde sevgiyle ilgilidir. Rab sevdiğini terbiye (disipline) eder (İbr. 12:6). Aynısı kilisesi için de geçerlidir.

Sorun, bugün birçok insanın sevgi görüşünün içi boş bir duygusallıktan ibaret olmasıdır: sevilmek özel olduğunun hissettirilmesidir. Ya da romantikleştirilmiş bir sevgi görüşleri vardır: sevgi hiçbir yargılanma olmadan kendini ifade etmektir. Ya da tüketici bir zihniyetleri vardır: sevgi insanın kendisi için en iyi olanı bulmasıdır. Popüler zihniyette, sevginin gerçekle, kutsallıkla ve yetkiyle pek ilgisi yoktur.

Ama Kutsal Kitap'taki sevgi bu değildir. Kutsal Kitap'taki sevgi kutsaldır. Taleplerde bulunur. İtaat ister. Kötülükten zevk almaz, gerçekle sevinir (1.Ko. 13:6).

İsa, eğer buyruklarını yerine getirirsek, onun sevgisinde yaşayacağımızı söylemektedir (Yu. 15:10). Yuhanna, eğer Mesih'in Sözü'ne uyarsak, Tanrı'nın sevgisinin bizde yetkinleşeceğini söylemektedir (1.Yu. 2:5). Kilise üyeleri birbirinin Mesih'in sevgisinde kalmalarına ve Tanrı sevgisinin yetkinliğini birbirlerinde görmelerine nasıl yardımcı olurlar? Birbirinin söz dinlemelerine ve Tanrı'nın Sözü'ne uymalarına yardım ederek. Öğreterek ve düzelterek.

KİLİSE DİSİPLİNİ

Kutsal Kitap'taki sevginin nasıl bir şey olduğunu anlayan bir kilisenin, kilise disiplinini anlama şansı da daha yüksek olacaktır.

16

DİSİPLİN UYGULAMADAN ÖNCE, DÜZENLEMELER YAPIN

Bir kiliseyi kilise disiplini uygulamaya hazırlamak, genelde öğretmekten fazlasını gerektirir. Aynı zamanda kilisede bazı kurumsal değişimlerin yapılmasını gerektirir. Bunlardan dördünü sıralayayım.

KİLİSE DOKÜMANLARINI HAZIR EDİN

Bazı kiliselerin tüzükleri vardır. Bazılarının kanunları vardır. Bazılarının inanç açıklamaları ve kilise antlaşmaları vardır. Bunlardan hangisi olursa olsun, Batı ülkelerindeki kiliseler bu tür belgelerin üyelere şunları açıkladığından emin olurlar: (1) inanç ve davranış olarak üyelerden ne beklendiği; (2) kilisenin yetkisel yapılarının nasıl işlediği; (3) olağan koşullarda üyelerin kabul edilmesi ve çıkarılmasıyla ilgili sürecin nasıl işlediği; (4) kilise disiplininin olağanüstü koşullarda nasıl işlediği.

İnsanlara disiplin uygulamadan önce, onlara hangi standartlara göre sorumlu tutulacaklarını bildirmek bir iyi niyet göstergesidir. Bir inanç açıklaması, onlara neye inanmalarının beklendiğini bildirir. Bir antlaşma, onlara nasıl yaşamalarının beklendiğini bildirir. Bir kanun, üyeliğin ve disiplinin nasıl işlediğini bildirir. Böyle belgeler ayrıca birliği güçlendirir. Üzerinde anlaşılmış belgeler, bir anlaşmazlığın oluştuğu her seferde kiliseyi yöntemler ya da kurallarla ilgili anlaşmazlıklardan korur.

İLGİLİ YASAL DAYANAKLARI HAZIR EDİN

Kilisenin belgelerini hazır etmek, çekişmeye yatkın topluluklarda kilise disiplinini uygulamak için ilgili yasal dayanakların güçlendirilmesine de yardımcı olur. Kiliseler, kilise disiplini uyguladıkları için birçok kez dava edilmiştir.[7]

Bu tür davaları önlemenin en etkili yollarından biri, kilisenizin tövbe etmeyen üyeler için nasıl disiplin uygulayacağını detaylı olarak tarif eden net Kutsal Kitap ilkelerini uygulamaktır. Her türlü davaya karşı en etkili savunmalardan biri de bilgilendirilmiş onamdır. Bu savunmayı yapmak için kilisenin, kendisine yanlış bir yaptırım uygulandığından şikayetçi olan kişinin bu kilisenin ilkelerinin ve prosedürlerinin tamamen farkında olduğunu ve bilgisi dahilinde onların bağlayıcılığını kabul ettiğini mahkeme önünde ispatlayabilmelidir.

Disiplin prosedürlerini kilisenin kanununda ya da tüzüğünde açıkça ifade etmenin yanı sıra, kilise bu disiplin prosedürlerini kilise üyelik derslerinde de açıkça öğretmelidirler.

---

7 Bkz. Ken Sande'nin "Informed Consent: Biblical and Legal Protection for Church Discipline" adlı makalesi, 9Marks, September/October 2009, http://www.9marks. org/ejournal/informed-consent-biblical-and-legal-protection-church-discipline.

Bu konularla ilgili harika bir kaynak için bkz. Peacemaker Hizmetleri: www.peacemaker.net.

KİLİSENİN ÜYE LİSTELERİNİ DÜZENLEYİN

Kilise disiplini uygulamak için topluluğun öncelikle *kilisenin kim olduğunu* bilmesi gerekir. Birkaç yıl önce bir arkadaşım, Orta Doğu'daki uluslararası bir kilisede baş pastör olmayı kabul etti. Oraya varınca toplulukta altı yüz kişinin olduğunu ancak hiçbir üyelik kaydının tutulmadığını gördü. Yüz kadar kişinin adının bulunduğu eski bir telefon rehberi vardı ve bundan başka hiçbir şey yoktu. Arkadaşım bana bu durumu şöyle özetledi: "Kim olduğumuzu bilmiyorduk." Ne o ne de kilisedeki başka biri, topluluk tarafından sorumlu tutulmayı kimin kabul ettiğini bilmiyordu. Kilise vaaz konusuna sadıktı. Ama vaftiz, Rab'bin Sofrası ya da kilise disiplini aracılığıyla anahtarlarını kullanma işine sadık değildi.

Arkadaşım bu durumda topluluğun önüne bir disiplin vakası getirmeye çalışsa, ne olurdu? Süreç birkaç noktada tıkanırdı: suçlanan kişi kilisenin yetkisi altında olmadığını iddia edebilir, başka kilise önderleri de aynı fikirde olabilir ve kilisedeki diğer katılımcılar karar verme sürecine dahil olup olmamaları gerektiğini bilemezlerdi.

Başka kiliselerinse Orta Doğu'daki arkadaşımdan daha farklı problemleri olabiliyor. Bazılarının aktif katılımcılardan çok daha fazla isim içeren resmi üye listeleri var. Katılan üç yüz kişi var ama kayıtlarda bin kişi var. Durum böyle olduğunda, disiplini tutarlı bir şekilde uygulamak da zorlaşır.

Diğer 699 kişiye dokunulmazken, belirli bir kişiye kiliseye gelmediği için nasıl disiplin uygulanabilir?

Kısacası kilise, önderleri birçok durumda kiliselerinin üye listelerini, disiplin uygulamadan önce düzenlemelidirler. Üye listesinin çoğunlukla haftalık toplantılara katılan kişilerden oluşması gereklidir (elbette kronik yatılı hastalar ya da geçici olarak başka bir yerde görev yapan ordu mensupları gibi kişiler hariç).[8]

ÖNDERLERİN DESTEĞİNDEN EMİN OLMAK

Son olarak, kilisenin önderlik takımının bir bütün olarak kilise disiplini konusunda, hem ilkede hem de uygulamada aynı fikirde olması önemlidir. Eğer bir pastör ya da ihtiyar suçlamayı yürütürken, diğerleri dayanılan ilkeyle veya söz konusu vakadaki uygulanışıyla ilgili kuşkularından dolayı sadece seyirci kalırlarsa, bunun sonucunda kilisede ayrılık olur. Bu nedenle, son bölümde bahsettiğimiz gibi nasıl bir pastörün tüm kiliseye disiplin hakkında öğretmesi gerekliyse, diğer önderlere de bunu öğrettiğinden kesinlikle emin olmalıdır.

Kilise disiplini sürecine geçilmesi, çalkantılı tartışmalar doğurabilir. Böyle durumlardaki bir adam, kesinlikle kendisiyle aynı kanıdaki olgun başka önderlerle birlikte ilerlemeyi ister.

---

8 Bunun nasıl yapılacağıyla ilgili bir kılavuz için bkz. Matt Schmucker'ın "Cleaning Up the Rolls" ve "Cleaning Up the Rolls (Part 2): The Care List" adlı makaleleri, 9Marks, http://www.9marks. org/ejournal/cleaning-rolls and http://www.9marks. org/ejournal/cleaning-rolls-part-2-care-list. Ayrıca bkz. Mark Dever'ın "Why We Disciplined Half Our Church," adlı makalesi, LeadershipJournal.net, Oct. 1, 2000, http://www.christianitytoday.com/le/2000/fall/16.101.html.

SONUÇ

Başlamaya Hazır Mısınız?
Pastörün Kontrol Listesi

Bireysel olarak tanımadığım kilise pastörleri bana disiplin uygulamalarının gerekip gerekmediğini sorduklarında, onlardan durumun detaylarını paylaşmalarını isterim. Ama aynı zamanda son iki bölümün alt başlıklarına oldukça benzeyen bir kontrol listesini kullanmaya da yönlendiririm. Telefonda ya da yüz yüze, genelde şu tür soruların üzerinden geçeriz:

KİLİSE DİSİPLİNİ İÇİN PASTÖRÜN KONTROL LİSTESİ

Öğretme

1. Topluluğunuz tövbe, itaat ve Mesih'in rabliğini kapsayan bir Müjde anlayışına sahip mi?

2. Kiliseniz üyelikle ilgili konularda titiz mi? Topluluğunuz kilisenin yetkisini anlıyor ve birbirlerine imanda hesap verme sorumluluğuna sahip olmaları için yardımcı oluyorlar mı? Kilise üyeleri bu sorumluluğu özelde (birebirde) mi uyguluyor?

3. Hristiyan öğrenciliğinin ve öğrenci yetiştirmenin hem öğretmeyi hem de düzeltmeyi içerdiğini anlıyorlar mı?

4. Kendilerini kandırmaya yatkın olduklarını ve Tanrı'nın, kendi sevgisi ve bilgeliği uyarınca, diğer Hristiyanları onların yaşamlarına tam da bu yüzden yerleştirdiğini anlıyorlar mı?

5. Topluluğa kilise disiplinini öğrettiniz mi? Bunu bir kez mi, yoksa birçok kez mi yaptınız? Başka öğretmenlere de Pazar okulu derslerinde ya da küçük gruplarda bu konuda öğretme fırsatı verildi mi? Topluluk bu konuyu Kutsal Kitap'a dayanan bir şey olarak görüyor mu?

Yapı

6. Kilise belgeleriniz disiplin uygulamasını yansıtıyor mu? Üyelere kiliseye katıldıklarında disiplini beklemeleri öğretildi mi? İnanç açıklamasındaki bir konuyla ilgili düşünceleri değiştiğinde, bir ihtiyarla konuşmaları onlara öğretildi mi? Kutsal Kitap ilkelerine göre yaşamalarıyla ilgili sorumlu tutulacaklarını biliyorlar mı?

7. Yani, kilisenizin ilgili yasal dayanakları hazır mı? Bilgilendirilmiş onam yürürlükte mi?

8. Üye listeleriniz Pazar günleri vaaz ettiğiniz grubu doğru bir şekilde yansıtıyor mu?

9. Diğer önderler de disiplini anlıyor, ona katılıyor ve önemini görüyorlar mı?

Sonuç

Özel Durum

10. Eğer kiliseniz ilk kez disiplin uyguluyorsa, bu basit sayılabilecek bir vaka mı? Yani söz konusu günah, İsa'yı temsil ettiğini söyleyen birine fena halde yakışmayan bir şey mi ve tüm topluluk da bu konuda hemfikir mi?

EK

Pastörlerin Disiplin Uygularken Yapabilecekleri Hatalar

Pastörler resmi kilise disiplinini uygularken, zaman zaman aşağıdaki hataları yapmaktadırlar:

1. Topluluklarına kilise disiplininin ne olduğunu ve neden uygulanması gerektiğini öğretememektedirler.

2. Anlamlı bir üyelik sistemi uygulayamamaktadırlar. Anlamlı üyeliğin uygulanması (1) insanlara kiliseye katılmadan önce üyeliğin gerekliliklerini öğretme; (2) kiliseye düzenli gelmeyenleri katılıma teşvik etme; (3) katılmak isteyen herkesle öncesinde dikkatli bir görüşme yapma; (4) düzenli bir şekilde sürünün tamamına göz kulak olma ve (5) üye listesini, haftalık toplantılara katılım gösteren kişileri yansıtır bir şekilde güncel tutma noktalarını içermektedir.

3. Kutsal Kitap'a göre Mesih'e dönmenin ne demek olduğunu ve özellikle de tövbenin önemini öğretememektedirler.

Ek

4. Kilise disiplininin ihtimal dahilinde olduğunu ve bunu önlemek için kiliseden çıkmanın geçerli bir yöntem olmadığını yeni üye olan kişilere öğretememektedirler.

5. Kilisenin resmi belgelerinde kilise disiplininin süreçlerinden bahsetmemekte ve bu nedenle kiliseyi yasal risk altına sokmaktadırlar.

6. İçinde bulunulan durumun gerektirdiği şekilde, Matta 18 ve 1.Korintliler 5'te bulunan adımları takip etmekte başarısız olmaktadırlar. Örneğin Matta 18'deki gibi bir durumda, sürece ilk olarak kişiyi baş başa günahıyla yüzleştirerek başlamamaktadırlar.

7. Bazen ayak sürüyüp geç kalarak bazen de aceleyle yargılamaya geçerek, resmi disiplin sürecine geçişin zamanlamasını ayarlayamamaktadırlar.

8. Belirli bir disiplin eyleminin neden gerekli olduğunu topluluğa yeteri kadar öğretememektedirler.

9. Hakkında disiplin önerdikleri belirli bir günahla ilgili, topluluğa gereğinden fazla detay vermekte ve aile üyelerine utanç getirerek, zayıf koyunların sürçmesine sebep olmaktadırlar.

10. Kilise disiplini süreçlerini yalnızca yasal bir süreçten ibaretmiş gibi görüp tövbe etmeyen kişinin yüreğini bir çoban edasıyla dikkate almamaktadırlar.

11. Günahkârlar arasındaki farklara dikkat etmemekte ve disiplin sürecinin bir sonraki aşamasına geçmeden önce ne kadar süre bekleneceği noktasında bu farkları göz önünde bulundurmamaktadırlar (bkz. 1.Sel. 5:14).

149

12. Disiplini uygulayan kişiler olarak kendilerinin de Müjde'nin sağladığı lütuf aracılığıyla yaşadıklarını unutmakta ve bu nedenle de disiplini tepeden bakan bir bakış açısıyla uygulamaktadırlar. Bu yanlış tutumdan kaynaklı olarak gereğinden fazla sert ve soğuk bir tavır sergilenebilmektedir.

13. Günahkâr kişinin tövbe etmesi için Rab'be yalvarmayarak, onları gerçekten sevme noktasında başarısız olmaktadırlar.

14. Ezilmiş kamışlardan veya tüten fitillerden gereğinden fazlasını talep etmektedirler. Bir başka deyişle, günahın pençesine köle olmuş bir kişiden bekledikleri tövbenin şartları çok yüksektir.

15. Topluluğa, tövbe etmeyen kişiye nasıl yaklaşmaları gerektiğini öğretememektedirler. Örneğin sosyal ortamlarda o kişiye nasıl yaklaşılacağını veya o kişinin tövbe edebilmesi için neler yapabileceklerini topluluğa öğretmede başarısız olmaktadırlar.

16. Disiplin altındaki kişinin Tanrı'nın Sözü'nü duymaya devam edebilmesi için, kişiyi Pazar ibadetlerine çağırmamaktadırlar (eğer bir suç veya tehlike söz konusu değilse). Ayrıca topluluğun geri kalanını, disiplin altındaki kişinin katılmaya devam etmesi gerektiği konusunda bilgilendirmemektedirler.

17. Disiplin sürecinin bütün sorumluluğunu tek bir adamın (baş pastörün) omuzlarına yüklemekte ve bu nedenle de topluluktaki kişilerin, pastörün intikam arayan bir kişi olduğunu düşünmelerine sebep olmaktadırlar.

Ek

18. İhtiyarların kilise yaşamına yeterince dahil olmalarını sağlayamamaktadırlar. Öyle ki, ihtiyarların bazı koyunların durumundan haberleri bile yoktur. Geliştirici disiplindeki bu başarısızlık, kaçınılmaz olarak kilisenin düzeltici disiplini düzgün bir şekilde uygulayabilme gücünü de zayıflatır.

19. Tanrı'nın Sözü'nü haftalık olarak öğretmemektedirler.

20. Topluluğun belirli bir disiplin vakasına yanlış bir tutumla yaklaşmasına izin vermektedirler. Topluluk tövbe etmeyen günahkârı Tanrı'nın son gün alacağı öç konusunda sevgiyle uyarmak yerine, kişiye kendileri öç alır gibi yaklaşmaktadır.

21. Kutsal Kitap'la bağlantısı olmayan konularda disiplin uygulamaya çalışmaktadırlar (iskambil oynamak, dans etmek vs.).

22. Kişinin ve kilisenin iyiliği, tanıklık verilen toplumun iyiliği ve Mesih'in yüceliği için değil, başka sebeplerden dolayı disiplin uygulamaya çalışmaktadırlar.

IX 9Marks

Sağlıklı Kiliseler İnşa Etmek İçin

9Marks hizmeti, kilise önderlerini Kutsal Kitap'a bağlı bir vizyon ve kullanışlı kaynaklarla donatmak amacıyla, Tanrı'nın yüceliğini sağlıklı kiliseleri kullanarak dünyadaki bütün uluslara yansıtmak için kurulmuştur.

Bu doğrultuda, kiliselerde şu dokuz sağlık işaretini görmek istiyoruz:

1 Açıklayıcı Vaaz

2 Müjde Öğretisi

3 Kutsal Kitap'a Dayalı Mesih'e Dönme ve Müjdeleme Anlayışı

4 Kutsal Kitap'a Dayalı Kilise Üyeliği

5 Kutsal Kitap'a Dayalı Kilise Disiplini

6 Kutsal Kitap'a Dayalı Öğrenci Yetiştirme ve Büyüme Arzusu

7 Kutsal Kitap'a Dayalı Kilise Önderliği

8 Kutsal Kitap'a Dayalı Dua Uygulaması Anlayışı

9 Kutsal Kitap'a Dayalı Müjde Hizmetleri (Misyon) Anlayışı ve Uygulaması

9Marks'da bizler makaleler, kitaplar, kitap eleştirileri ve online makaleleri yayınlıyoruz. Web sitemiz çeşitli dilleri kapsıyor. Diğer dilleri görmek için lütfen şu linki ziyaret edin:

9marks.org/about/international-efforts

Türkçe: tr.9marks.org | İngilizce: 9marks.org

www.ingramcontent.com/pod-product-compliance
Lightning Source LLC
Chambersburg PA
CBHW071152120626
46546CB00006B/2237

* 9 7 8 1 9 5 8 1 6 8 0 2 8 *